Anton Sauer

Die sophrosyne in Platons Charmides

Anton Sauer

Die sophrosyne in Platons Charmides

ISBN/EAN: 9783742896612

Hergestellt in Europa, USA, Kanada, Australien, Japan

Cover: Foto ©ninafisch / pixelio.de

Manufactured and distributed by brebook publishing software (www.brebook.com)

Anton Sauer

Die sophrosyne in Platons Charmides

Die ΣΩΦΡΟΣΥΝΗ in Platons Charmides.

Vorwort.

Socrates gilt mit Recht als Begründer der wissenschaftlichen Ethik. Aus dem Obiectivismus, dem Streben der jonischen Naturphilosophen das »Princip des Seienden« zu finden, hatte sich zwar zur Zeit des Socrates bereits der äußerste Subiectivismus entwickelt. Aber auch die Vertreter dieser Richtung, die Sophisten, konnten bei ihrem Standpunkte nicht zu dem Begriffe einer wissenschaftlichen Ethik gelangen. Allerdings gab sich mancher von ihnen für einen Tugendlehrer aus, und Protagoras erklärte die Tugend als das Schönste; aber wie konnten Männer, welche die Verlässlichkeit der Wahrnehmungen bestritten und daher auch das Bestehen einer allgemein giltigen Wahrheit leugnen mussten, nach deren Ansicht der Mensch das Maß aller Dinge ist,[1]) wie konnten solche Männer folgerichtiger Weise von Tugend sprechen! »Wenn für jeden wahr ist, was ihm wahr scheint, so muss auch für jeden recht und gut sein, was ihm als recht und gut dünkt. Jeder hat mit anderen Worten das natürliche Recht, seiner Willkür und seinen Neigungen zu folgen.«[2])

Diesem Subiectivismus, der, im Leben angewendet, von den verderblichsten Folgen für jede sittliche Ordnung begleitet sein musste, stellt Socrates seine Ansicht gegenüber, dass

---

[1]) φησὶ γάρ που πάντων χρημάτων μέτρον ἄνθρωπον εἶναι, τῶν μὲν ὄντων ὡς ἔστι, τῶν δὲ μὴ ὄντων ὡς οὐκ ἔστιν. Theät. 152. A. conf. Kratyl. 386. A.

[2]) Zeller, Die Philosophie der Griechen. Fünfte Auflage. Leipzig. 1892. Band II./1. S. 1125.

es einen **obiectiven**, von den wechselnden Ansichten der Menschen unabhängigen Maßstab geben müsse, **das Sittlichgute.**

Er betrachtet **es nun als** seine von der Vorsehung ihm zugewiesene Lebensaufgabe, nach dieser objectiven Wahrheit zu **forschen und auch** seine Zeitgenossen für diese Thätigkeit zu gewinnen **und so sich** und seine **Mitwelt immer** mehr zur Erkenntnis dieser **Wahrheit** zu befähigen. Nach Plato, der uns **in** den unvergänglichen Schöpfungen seines Genies die **Art und die** Ergebnisse der Forschungen **seines** Meisters erhalten **hat (allerdings** ein wenig veredelt in Bezug auf **den** Inhalt, **noch mehr in Bezug auf** die Form), führt Socrates alle Tugenden auf **das** Wissen vom Sittlichguten zurück. Daher ist nach der Ansicht des Socrates die Tugend lehrbar, und es **kann** dem **Wesen nach nur** eine Tugend geben. Wie aber Socrates überall von **den** einzelnen Erscheinungen ausgieng und **zu dem Begriffe, dem** Allgemeingiltigen, vorzudringen **suchte, so gieng** er auch **hier von** den einzelnen Erscheinungsformen **dieser** einen Tugend aus und suchte sie begrifflich zu bestimmen. Solche Versuche schildert uns Plato **vor allem** in den Dialogen Euthyphron, Laches und Charmides; **und da diese** Dialoge aus der ersten Periode der schriftstellerischen Thätigkeit Platos stammen, dürften sie uns die **Ansichten des** Socrates ziemlich getreu wiedergeben.

Nun ist unter den Gelehrten der Streit entstanden, ob **Socrates** in diesen Dialogen wirklich zu einer befriedigenden Definition gelange. Bonitz, der Pfadfinder auf diesem Gebiete Platonischer Forschungen, hat in seinen Platonischen Studien gezeigt, dass die Dialoge Euthyphron und Laches wirklich eine vollständige Definition der ὁσιότης, beziehungsweise der ἀνδρεία enthalten; **zugleich hat** er angedeutet, wie aus dem Dialoge Charmides eine Definition der σωφροσύνη zu gewinnen sei.

Da aber die Ansicht Bonitzens theilweise angefochten **wurde** und insbesondere in Bezug auf den Dialog Charmides **auch Zweifel ausgesprochen** wurden, ob die σωφροσύνη überhaupt als ethische Tugend zu fassen sei, soll nun dieser Dialog **einer** eingehenden Untersuchung unterzogen werden. Wir wollen den kunstvoll verschlungenen Pfaden der Socratisch-

Platonischen Dialektik nachgehen und vor allem sehen, ob die Definition der σωφροσύνη in Wahrheit vergeblich versucht worden ist, **wie Socrates am** Ende des Dialoges behauptet. Erst nach Entscheidung dieser Frage können wir zur Untersuchung der anderen schreiten.

A. Gedankengang.

Socrates nimmt, kaum **vom Kriegszuge gegen Potidäa** (431) zurückgekehrt, die Beschäftigung, **die** er sich zur Lebensaufgabe gemacht hat, wieder auf: **er** begibt sich in eine Ringschule in der Erwartung, dort Bekannte zu finden, **mit denen er** Untersuchungen über Fragen der Philosophie **anstellen kann.**

Seine Erwartung hat ihn **zwar** nicht getäuscht, doch muss er nach der herzlichen Begrüßung **von Seite** der vielen Bekannten **zuerst** eine Menge Fragen über die Ereignisse **auf** dem Kriegsschauplatze beantworten. Kaum **hat** er aber **die** berechtigte Neugierde seiner Freunde befriedigt, so erkundigt er sich mit gleichem Interesse **um** den Gegenstand, **der** im Mittelpunkte seines Denkens steht, **um die** Philosophie **und** um das Verhalten der heranwachsenden Jugend zu derselben.

Da theilt **ihm** Critias **mit, das unter den** Jünglingen **sein** Mündel und Geschwisterkind Charmides **sich** ebensosehr durch leibliche wie durch geistige Vorzüge auszeichne. Daher wünscht Socrates, der sich ohnehin noch seiner als eines schönen Knaben erinnert, mit ihm näher bekannt zu werden. Critias lässt den eben Eingetretenen herbeirufen und stellt **den** Socrates als einen Arzt vor, der bereit ist, die Heilung des Kopfschmerzes, über den Charmides in der letzten Zeit geklagt hat, zu versuchen. Bezeichnend ist, dass **auch Char**mides schon den Socrates als einen Freund der Jugend kennt.

· Diese ganze Erzählung ist durchwebt mit der launigen Schilderung, wie von den Anwesenden alt und jung durch die Schönheit des Charmides ganz bezaubert ist.[1]

---

[1] Über den Sinn dieser Stelle vergl. Schenkl in der Zeitschr. f. öst. Gymn. 1860, p. 173—176.

Das Kopfweh des Jünglings und seine Schönheit bieten dem Socrates willkommenen Anlass, das Gespräch auf das Gebiet der Philosophie **zu lenken.**

Socrates behauptet nämlich, er sei während des Feldzuges **von einem thracischen** Arzte aus der Schule des Zalmoxis **in der Heilkunde unterrichtet worden;** und zwar habe ihn dieser besonders darauf aufmerksam **gemacht,** dass die griechischen **Ärzte** nicht richtig vorgehen, weil **sie das** Ganze nicht kennen, auf welches die Behandlung gerichtet sein **müsse.** **Den** griechischen Ärzten sei es wohl klar, dass man bei einem Augenleiden nicht die Augen allein, sondern zum mindesten den ganzen Kopf, in der Regel aber den ganzen Körper in Behandlung nehmen müsse, sie wüssten aber nicht, dass man auf dieser Stufenleiter noch weiter zu gehen habe, dass über dem Körper noch die Seele stehe, und dass diese die Quelle der Gesundheit und Krankheit für den Körper sei. **Daher müsse die** Behandlung **vor allem** auf die **Gesundheit der Seele** (σωφροσύνη) abzielen, und diese werde erreicht durch Gespräche edlen **Inhaltes.** Socrates gibt auch vor, ein **Blatt zu besitzen,** das ein sehr wirksames Heilmittel gegen Kopfschmerz sei, aber nur gebraucht werden dürfe unter gleichzeitiger **Anwendung einer** Zauberformel, durch welche zuerst die Seele geheilt werde. Und er habe sich eidlich **verpflichtet,** er werde durch nichts in der Welt sich bewegen **lassen,** mittels des Blattes die Heilung des Körpers zu versuchen, bevor er durch den Zauberspruch die Seele gesund gemacht habe. Nur in dem einen Falle, dass der Leidende ohnehin die Gesundheit der Seele, die σωφροσύνη, besitze, könne die Anwendung der Zauberformel unterbleiben.

Vor allem müsse daher festgestellt werden, ob Charmides die σωφροσύνη besitze oder nicht. Socrates glaubt nämlich, dass Charmides sich irgendwie dessen bewusst sein müsse, wenn ihm **die** σωφροσύνη innewohne; sie müsse sich durch irgend**welche** Wirkungen verrathen. Daher fordert er den Jüngling **auf, zu sagen,** was denn wohl nach seinen Beobachtungen die σωφροσύνη sei.

Selbstverständlich verfällt der in solchen Untersuchungen nicht bewanderte Jüngling in den Fehler, welchen ja auch gereifte Mitunterredner des **Socrates** zu begehen pflegten, Männer, die sich der vollkommensten Ausbildung rühmen konnten, welche die damalige Zeit zu gewähren vermochte: er gibt nur ein äußeres Kennzeichen an, indem er die σωφροσύνη etwas weitschweifig definiert als **Bedächtigkeit in Wort und That** (... εἶπεν ὅτι οἱ δοκοῖ σωφροσύνη εἶναι τὸ κοσμίως πάντα πράττειν καὶ ἡσυχῆ, ἔν τε ταῖς ὁδοῖς βαδίζειν καὶ διαλέγεσθαι, καὶ τὰ ἄλλα πάντα ὡσαύτως ποιεῖν. καί μοι δοκεῖ, ἔφη, συλλήβδην ἡσυχιότης τις εἶναι ὃ ἐρωτᾷς. 159. B.)

Socrates gibt zu, dass diese Ansicht eine **allgemein verbreitete** sei. Dies ist aber nach seiner Meinung **kein verlässliches Zeichen der** Richtigkeit. **Daher** müssen sie diese **Definition erst auf ihre** Richtigkeit **prüfen.** Ausgegangen wird **von dem Axiom, dass die** σωφροσύνη **ein** καλόν sei. Nun bringt Socrates, indem **er** κοσμίως **ganz unberücksichtigt lässt und nur** ἡσυχῆ (ἡσυχιότης) **betont, Beispiele von körperlichen Übungen und geistigen** Thätigkeiten, **bei denen,** wie Charmides **zugeben muss, Schnelligkeit vollkommener ist** als Bedächtigkeit. **Aber** selbst wenn die Anzahl der Handlungen, bei denen **die Bedächtigkeit der Schnelligkeit vorzuziehen ist, ebenso groß** wäre als die Zahl **derjenigen,** bei denen sie **als Unvollkommenheit gilt, so könnte noch** immer nicht **das Wesen** der σωφροσύνη in **der Bedächtigkeit** liegen.

Daher fordert Socrates den Jüngling auf, **noch einmal sein Inneres zu durchforschen und zu** suchen, welchen von seinen Vorzügen er denn der σωφροσύνη verdanke. Da er früher **mit** der Anführung einer äußeren Erscheinung nicht das Richtige getroffen hatte, versuchte er es mit einer inneren **Wirkung und** erklärt σωφροσύνη gleichbedeutend mit **αἰδώς (160. E.),** das wohl an dieser Stelle nicht Schamhaftigkeit, son**dern Scheu,** Zartgefühl heißen dürfte, wie man **aus** der Widerlegung ersieht. Denn der Bettler muss abgestumpft sein und sich zu Handlungen verstehen, von welchen ein anderer durch eine gewisse Scheu abgeschreckt würde. Socrates beruft sich auf den früher aufgestellten Satz, dass die σωφροσύνη ein καλόν sei. Da aber die Scheu nach Homer (p. 347) auch etwas Nichtgutes sein **kann,** so ist sie zum mindesten bald etwas Gutes, bald etwas Nichtgutes und kann daher nicht gleichbedeutend sein mit σωφροσύνη.

Trotz der misslungenen Versuche scheint der Jüngling Interesse an der Sache zu gewinnen, und unaufgefordert ersetzt er diese Definition durch eine andere. Und da er mit seinen eigenen Beobachtungen wenig **Glück** gehabt hat, nimmt er zu Auctoritäten seine Zuflucht. Er erinnert sich, dass ein weiser **Mann** gesagt habe, die σωφροσύνη **bestehe darin, dass man das Seinige thue** (ὅτι σωφροσύνη εἴη τὸ τὰ ἑαυτοῦ πράττειν. 161. B.) Auch Socrates meint, dass derjenige ein **Weiser gewesen** sein müsse, der diesen Satz aufgestellt habe; er ver**muthet**, dass es Critias gewesen sei, obwohl dieser es leugnet. **Socrates** erklärt den Satz **für** ein Räthsel, das nicht in seiner wörtlichen Bedeutung **genommen werden** könne. Denn auch Lehrer und Schüler, **die** z. B. die **Namen anderer**, vielleicht **gar die ihrer** Feinde schreiben, Ärzte, die **andere** heilen u. s. w. thun nicht das Ihre und sind doch besonnen.

Da nun **Charmides den Sinn** dieses Satzes nicht anzugeben weiß, **ja sogar vermuthet, vielleicht** habe derjenige, von dem er den **Satz gehört habe,** selbst nicht recht gewusst, was damit gemeint sei, **und da er dabei** verstohlen den Critias **anblickt und** lächelt, fühlt sich dieser bewogen, selbst die **Vertheidigung** des Satzes zu übernehmen. (162. B.)

Durch diesen Eintritt des Critias in die Unterredung wird äußerlich der Beginn des zweiten Theiles der Untersuchung angedeutet; dem Inhalte nach beginnt dieser allerdings später.[1]

Critias erklärt sich bereit, die aufgestellte Definition zu vertheidigen. Seines Sieges gewiss, hört er eine Zeitlang ruhig zu und gibt nur kurze Antworten. Als nun Socrates dadurch, wie er meint, tief genug in die Falle gelockt ist, um mit einem Schlage hilflos gefangen zu sein, da tritt er hervor **mit** der Behauptung, dass alle Beispiele, die Socrates **soeben** vorgebracht habe, nichts beweisen; denn Socrates

---

[1] **Die** Definition, die Critias von Charmides übernimmt und ab**schließt, verbindet** beide Theile, wie bei einer Cäsur zwar durch das Wortende ein Einschnitt bewirkt wird, aber das metrische Schema des Versfußes beide Theile zusammenhält.

verwechsle ποιεῖν und πράττειν. Er beruft sich auf Hesiod, der (Erga 309) zeige, welch wesentlicher Unterschied zwischen diesen Verben sei. Aus dem Worte ἔργον schließt Critias nämlich, dass man ἐργάζεσθαι und auch πράττειν (das er willkürlich hinzufügt) nur mit Objecten verbinden könne, denen der Begriff des Guten innewohne, während das Object zu πράττειν Gutes und Schlechtes bezeichnen könne.

Critias merkt wohl, dass das Wort ἑαυτοῦ vor allem einer Erklärung bedürfte; in diesem Worte liegt ja die Lösung des Räthsels. Um nun dies mit seinem Paradestück, das er soeben vorgeführt hat, in Einklang zu bringen, behauptet er, auch in dem Worte οἰκεῖος liege der Begriff des Guten[1]), und sagt, τὰ ἑαυτοῦ sei einem τὰ οἰκεῖα gleichbedeutend.

Durch diese gewaltsame Deutung kommt er zu dem Ergebnisse, dass jeder Vernünftige den besonnen nenne, der das Seinige thue (163. C.).

Minder geschulte Zuhörer waren wohl geblendet von dieser Ausführung des Critias. Nur Socrates schien dabei kalt zu bleiben. Denn sobald es ihm nach längerem Warten wieder gelingt zum Worte zu kommen, sagt er ganz trocken, dass er sich von dieser Synonymik nicht gar viel erwarte.

Mit der Änderung, die Critias im Verlaufe seiner Auseinandersetzung an der Definition vorgenommen hat, ist er einverstanden, und nun geben sie derselben die Form: Die σωφροσύνη ist das Thun des Guten (163. E.).

Dass Socrates wirklich der Ansicht ist, dass sie mit dieser Definition nicht mehr weit von der Wahrheit entfernt sind, das beweisen seine Worte (164. A.): Καὶ οὐδέν γέ σε ἴσως κωλύει ἀληθῆ λέγειν. Er wünscht aber offenbar, dass auch in diesem Theile der Begriffsbestimmung schon die Nothwendigkeit des Wissens angedeutet werde, dass also in dieser Hälfte der Definition bereits Wörter verwendet werden, die auf die zweite Hälfte hindeuten. Und dies gelingt ihm dadurch, dass er der Definition die Form gibt: Besonnen ist derjenige, der thut, was er soll ('Ο δὲ τὰ δέοντα πράττων οὐ σωφρονεῖ; 164. B.). τὰ δέοντα πρ. ergibt sich ja leicht aus τὰ ἑαυτοῦ πρ.

---

[1]) Dazu cf. Zeller, Philosophie der Griechen II, 1, 258 Anm. 1.

Nun will Socrates den Critias veranlassen, dass er das noch fehlende wichtigste Merkmal der σωφροσύνη, das, wie eben gesagt wurde, in dem Begriffe »Pflicht« schon angedeutet ist, noch hinzufüge: **das Wissen**. Denn nach der Ansicht des **Socrates** kann eine Handlung nur dann tugendhaft sein, wenn der Handelnde sich auch des letzten Zieles bewusst ist.

Critias hat schon früher (164. A.) zugegeben, dass die σωφροσύνη mit einer Einsicht verbunden sein **müsse**. Diese Einsicht **soll** nun dadurch näher bestimmt werden, dass das **Object** derselben angegeben wird. Dahin will nun Socrates den Critias führen. Was für ein Object dem Socrates vorschwebt, das deutet er an mit den Worten: »Es kann vorkommen, dass eine glückliche Heilung den Betheiligten nicht zum Nutzen gereicht.« Critias aber merkt gar nicht, worauf Socrates abzielt, und hätte sogar **die** (164. A.) gegebene Zustimmung beinahe wieder zurückgenommen. Dann würde sich aber ergeben, **dass jemand** besonnen handeln könne, **ohne** sich dessen bewusst **zu sein**. Vor dieser Folgerung erschrickt Critias sosehr, dass er **alles Frühere fallen lässt**,[1]) anstatt es **richtig zu ergänzen, und dass er nun** mit einseitiger Betonung dieser Einsicht **die** σωφροσύνη als Selbstkenntnis erklärt. **Offenbar ist er durch** die Worte des Socrates: ἀγνοεῖ ἑαυτόν, ὅτι σωφρονεῖ irregeführt worden, indem er nicht erkennt, dass ἑαυτόν eine Prolepsis ist (164. D.).[2])

Das Forschen nach dem Obiecte dieses Wissens bildet **den** zweiten Theil der Untersuchung über das Wesen der σωφροσύνη, und dieser macht fast die Hälfte des Dialoges aus. Erst nach vielen Irrwegen gelingt es ihnen, das rechte Ziel **zu** finden, nämlich ein Object dieses Wissens, das allen berechtigten Anforderungen entspricht.

---

[1]) Auch Euthyphron weicht in dem gleichnamigen Dialoge gerade an der entscheidenden Stelle aus und verlässt damit den richtigen Weg.

[2]) **Daher ist auch** die Ansicht Schleiermachers (Einleitung p. 6) nicht zu billigen, der **meint**, Socrates habe diese Definition gelten lassen; denn sie werde weder hier noch später widerlegt. — Ebenso behauptet Hermann (I. Anm. 295 über Charmides) mit Unrecht, der Schlüssel der ganzen schiefen Entwicklung liege darin, dass Critias ἐπιστήμη ἑαυτῆς setzt **statt** ἐπιστήμη ἑαυτοῦ.

Zuerst lässt Critias wieder seiner Redegewandtheit die **Zügel schießen** und sucht nachzuweisen, **dass das** delphische „γνῶθι σαυτόν" nicht ein Rath, sondern **ein Wunsch** (Gruß) sei. Socrates lässt sich aber durch solche Blendwerke nicht über Fehler der Untersuchung hinwegtäuschen. Er zeigt deutlich durch die nächste Frage, dass er mit dem Objecte ἑαυτόν nicht einverstanden ist, und deutet noch einmal die einzuschlagende Richtung der Untersuchung an; er sagt nämlich, diese Kenntnis, die sie näher bestimmen wollen, müsse gerade ihres Objectes wegen Nutzen gewähren, wie ja auch die Kenntnis des Arztes nur dadurch nütze, dass sie das Gesunde und Kranke zum Object[1]) habe. Ähnlich **sei es bei** der Baukunst.

Critias geht auf den Gedanken des Socrates nicht ein und legt das Hauptgewicht nicht auf das **Object**, sondern auf das **Ergebnis** der Beziehung zwischen der Thätigkeit **und dem Objecte und** will die Ansicht des Socrates dadurch widerlegen, **dass er den** Beispielen desselben solche gegenüberstellt, bei denen dieser dritte Begriff, das Ergebnis, zu fehlen scheint. Nun führt Socrates andere Beispiele an (Rechenkunst, **Statik), um auf andere** Weise noch einmal klarzumachen, dass es **ihm hauptsächlich um das Object sich** handelt, dass er sich die Besonnenheit als tra**nsitiven Begriff** denkt, **nicht als reflexiven**, wie sie **nach der** letzten Definition gedacht werden müsste (166. B.).

Critias lässt sich nicht helfen; ja **er** dringt auf **dem** einmal eingeschlagenen Weg noch weiter, indem er, **gerade** durch die Bemerkung, die ihn auf den rechten Weg **leiten** sollte,[2]) veranlasst, nun gar aus ἐπιστήμη ἑαυτοῦ (165. C.) eine ἐπιστήμη ἑαυτῆς macht und die Besonnenheit definiert[3]) als

---

[1]) Dieses Beispiel hätte **umsomehr den Critias auf** den rechten Weg leiten **sollen, da ja** »**das Gute für die Seele dasselbe** ist, was **die** Gesundheit für **den Körper**«. (Knauer, Progr. d. k. k. St. Obergymnasiums in Bielitz. 1889. p. 16.)

[2]) Anders erklärt diesen Übergang Knauer, p. 17. Wir glauben auch nicht, dass Socrates zur Antwort haben wollte: ἐπιστήμη σωφροσύνης, sondern ἐπιστήμη τοῦ ἀγαθοῦ τε καὶ κακοῦ.

[3]) Trotz 169. D. τοῦτο γάρ δήπου **ἔφαμεν** etc. fassen wir dies als **neue** Definition.

die Kenntnis der andern Kenntnisse und ihrer selbst. ἡ δὲ μόνη τῶν τε ἄλλων ἐπιστημῶν ἐπιστήμη ἐστὶ καὶ αὐτὴ ἑαυτῆς (166. C.).

Allerdings scheint er selbst dabei zu merken, dass seine Lage immer unhaltbarer wird. Man ersieht dies aus dem gereizten Ton, dessen er sich gegen Socrates bedient. Aber der Urbanität des Weisen, der mit schlichten Worten die hohe Bedeutung derartiger Untersuchungen betont, **gelingt** es, ihn zu beruhigen und zu veranlassen die Untersuchung fortzuführen.

Sie betrachten nun die letzte Definition eingehender. Wenn die Besonnenheit die Kenntnis aller Kenntnisse[1]) ist, so muss **sie auch** die Unkenntnis erkennen, und der Besonnene muss den Umfang seines Wissens und des Wissens anderer angeben **können**. Daher wäre dann die σωφροσύνη die Kenntnis dessen, was man weiß, **und was man nicht** weiß (καὶ ἔστι δὴ τοῦτο τὸ σωφρονεῖν.... τὸ εἰδέναι ἅ τε οἶδε καὶ ἃ μὴ οἶδεν. 167. A.).

Da ist nun zu untersuchen,
I. ob eine solche Kenntnis möglich sei (167. B. — 169. C.),
II. ob sie einen Nutzen **gewähre**, falls sie möglich ist (169. D. — 174. B.).

I. Die Möglichkeit.

Dieser Theil zerfällt wieder in zwei Abschnitte:

Erster Versuch. Socrates hält es nicht für wahrscheinlich, **dass** es eine solche Kenntnis gebe, die kein anderes Object hat als sich selbst und die anderen Kenntnisse; denn er weiß keine andere derartige Erscheinung zu finden. Ein derartiges Sehen z. B. würde **nicht die** sonst sichtbaren Dinge sehen, wohl aber sich selbst und jedes andere Sehen und auch das Nichtsehen. **Das Gleiche gilt vom Hören**, von den

---

[1]) Um die Übereinstimmung in der zweiten Reihe der Definitionen nicht **aufzugeben und den** Übergang von einer Form zur anderen recht **ersichtlich zu** machen, wurde die Übersetzung Schleiermachers: Erkenntnis der Erkenntnis (Kenntnis d. K.) zumeist beibehalten, obwohl **wir uns der Ansicht nicht** verschließen konnten, dass der von Bonitz durchgehends gebrauchte Ausdruck Wissen des Wissens besonders für die Stelle von 167. A. an glücklich **gewählt** sei.

Wahrnehmungen überhaupt, von den Begierden, dem Wollen, der Liebe, der Furcht und von den Vorstellungen.

Zweiter Versuch, bestehend aus zwei Unterabtheilungen.

a) Da nach dieser Annahme die Besonnenheit ἐπιστήμη ἑαυτῆς wäre und noch ἐπιστήμη τῶν ἄλλων ἐπιστημῶν und (weil mit jedem Begriffe auch sein contradictorischer Gegensatz gegeben ist) noch ἐπιστήμη ἀνεπιστημοσύνης, so müsste der Umfang dieses Begriffes sich selbst und noch zwei andere Begriffe umfassen, er müsste, als Kreis gedacht, sich selbst und noch zwei andere Flächen, die außerhalb dieses Kreises liegen, umschließen, und alle **drei Flächen zusammen** müssten wieder den Begriff σωφροσύνη geben;[1]) dieser Begriff müsste also zugleich größer und kleiner sein als er selbst.

Eine solche Erscheinung ist bei Zahlen und ähnlichen **Begriffen** nicht denkbar; daher ist es auch sehr zweifelhaft, ob eine solche Kenntnis möglich sei.

b) Bei sinnlichen Wahrnehmungen und ähnlichen Erscheinungen ist eine derartige Beziehung auf sich selbst wenigstens nicht wahrscheinlich; denn eine Thätigkeit, die sich selbst zum Objecte hat, müsste auch die Eigenschaft des Objectes haben, das wesentlich zu dieser Thätigkeit gehört; so müsste ein Hören, das sich selbst zum Objecte hat, auch vernehmbar **sein, damit es** eben von sich selbst vernommen werden könnte. **Dasselbe gilt auch vom** Sehen, von der **Bewegung u. ä.**

Socrates vermag daher seine Zweifel nicht zu beschwichtigen; **und da** er zu sehen glaubt, dass von seiner Rathlosigkeit **auch** Critias gleichsam angesteckt worden ist, so hilft ihm Socrates aus der Verlegenheit, indem er vorschlägt anzunehmen, es sei eine solche Kenntnis der Kenntnis **möglich, und** unter dieser Voraussetzung

---

[1]) **Es möge uns** gestattet sein, diese in sprachlicher **und** sachlicher Hinsicht schwierige Stelle etwas freier wiederzugeben.

II. den Nutzen

derselben nachzuweisen (169. D. — 174. B.). Socrates bezweifelt auch diesen. Denn aus ihrer Definition ergebe sich nicht, **dass** diese Kenntnis die Menschen befähigt zu wissen, was jeder weiß, **und** was er nicht weiß (und dieses wäre ja erst — nach 167. A. — die Besonnenheit, und nur dieses würde einen Nutzen gewähren).

1. σωφροσύνη als Kenntnis davon, dass man etwas weiß.

Critias begreift diese Zweifel des Socrates nicht; denn er meint, wer die Schnelligkeit besitze, müsse auch schnell sein, und wer die Kenntnis seiner selbst besitze, müsse auch sich selbst kennen und daher wissen, was er weiß und was nicht, da ja beides gleichbedeutend sei. Letzteres bezweifelt Socrates. Denn eine Kenntnis der Kenntnis würde zwar das Wissen vom Nichtwissen unterscheiden, aber nicht über die Objecte der einzelnen Wissenszweige sich Rechenschaft geben können. Ein mit **dieser** Kenntnis Ausgerüsteter würde im günstigsten Falle von sich und anderen sagen können, **dass sie etwas wissen, und dass sie es** nicht wissen, aber nicht, was sie wissen und was nicht (170. D.).[1]

Eine σωφροσύνη, wie Critias sie annimmt (und Socrates **lässt sich ja** von ihm leiten), kann also nur beurtheilen, o b **jemand** eine Kenntnis besitzt, nicht aber, welchen Gegenstand diese Kenntnis betrifft. Mittels dieser σωφροσύνη würde einer, der sich von der Tüchtigkeit eines Arztes überzeugen wollte, zwar sich Gewissheit davon verschaffen können, dass der Arzt eine Kenntnis besitzt, ob diese aber die Kenntnis des Gesunden und Ungesunden (nicht etwa eine andere Kenntnis) sei, das könnte er nicht unterscheiden. Es wäre also die Form des Wissens — getrennt von der Kenntnis der Objecte der einzelnen Wissenszweige — Gegenstand der Besonnenheit, alle Kenntnis der Objecte der einzelnen

---

[1] Dieser Abschnitt ist in lichtvoller Weise behandelt von Dr. Th. Becker, Platos Charmides inhaltlich **erläutert**. Halle 1879. S. 68 f.

Wissenszweige — getrennt von der Kenntnis der Form des Wissens — wäre Gegenstand des Fachmannes (171. C.).

Nun folgt die lebendige Ausmalung des idealen Zustandes, in **dem wir uns** befänden, wenn die Besonnenheit das leistete, was Critias und Socrates anfänglich vom Wissen **des** Wissens vorausgesetzt haben, wenn sie nämlich uns befähigte, zu erkennen, was jeder weiß, **und** was er nicht weiß. Dann würden wir selbst nichts unternehmen, wozu **wir nicht die** nöthigen Fachkenntnisse besitzen, und würden auch unseren Untergebenen nur die Besorgung derjenigen Dinge anvertrauen, die sie verstehen.

Leider hat sich herausgestellt, **dass die σωφροσύνη diese** Fähigkeit nicht verschafft (172. B.).

Einen **Nutzen** könnte die σωφροσύνη als Kenntnis dessen, dass man etwas weiß, immerhin noch gewähren, wenn man mit ihrer Hilfe imstande wäre, leichter zu lernen, weil zur Kenntnis der **realen** Gegenstände durch die σωφροσύνη noch die **Kenntnis der Form des Wissens** hinzukäme; ebenso wenn **durch sie ein** Fachmann wenigstens einen Vertreter **desselben Faches** leichter prüfen **könnte, weil er** eben **die** Sachkenntnis **und** noch die Kenntnis **der Form des Wissens** besitzt. Aber auch dies ergibt **sich nicht**[1]) aus der Untersuchung (172. C.).

2. σωφροσύνη als **Kenntnis dessen, was** man **weiß.**

Da aber **die** σωφροσύνη unzweifelhaft ein großes Gut ist, während sie von der Kenntnis dessen, **dass man etwas weiß,** keinen großen Nutzen aufweisen konnten, schlägt Socrates vor, anzunehmen, die σωφροσύνη sei die Kenntnis dessen, **was man** weiß, und was man nicht weiß. Selbst diese ihre σωφροσύνη — fürchtet Sokrates — dürfte noch nicht so nützlich sein, wie er es **von dieser Tugend** erwartet (173. A.).[2])

---

[1]) **Trotzdem findet Spielmann (Die** Echtheit **des** platonischen Dialoges Charmides. S. 30 u. 48) in dieser Stelle eine Definition der σωφροσύνη.

[2]) Schmelzer (Platos ausgewählte Dialoge, 8. Band. Charmides. Weidmann. 1884.) glaubt, dass es dem Socrates doch auch mit der ἐπιστήμη ἐπιστήμης ernst sei, **und** dass diese zur σωφροσύνη gehöre. Vergl. **dagegen** Bonitz.

Es dürfte zwar dann zu jeder Verrichtung der tüchtigste Mann ausgewählt und daher alles **kunstgerecht** ausgeführt werden, doch glaubt Socrates nicht, dass darin schon unsere **wahre** Glückseligkeit bestünde (173. D.).

Critias macht dagegen das (nach 171. D. E.) naheliegende **Bedenken** geltend, dass Socrates wohl zu hohe Anforderungen stellen dürfte, wenn er mit einem Leben, in welchem überall **Sachkenntnis** waltete, nicht zufrieden ist. Da bringt Socrates drastische Beispiele, indem er fragt, ob etwa die Kenntnis des Schuhmachers oder Schmiedes dieses wahre Glück bewirke. Da muss nun Critias zugeben, dass der Mensch weder durch diese Kenntnis wahrhaft glücklich werde, noch durch die des **Sehers, noch** durch alle übrigen Kenntnisse zusammen, sondern einzig und allein durch die Kenntnis des Guten und Bösen (174. B. Ἦι τὸ ἀγαθόν, ἔφη, καὶ τὸ κακόν.) Freilich werden **die** anderen Kenntnisse auch ohne dieses Wissen gar manches ersprießliche Werk schaffen; dass uns aber alles zum **wahren Nutzen** gereicht, das **bewirkt nur** die Kenntnis des Guten und Bösen.

Da diese aber nicht die Kenntnis der Kenntnisse ist, so ist sie auch nicht[1]) die σωφροσύνη; und wenn die Kenntnis des Guten und Bösen allein die Quelle unseres wahren Glückes ist, so ist dasselbe nicht auch von der σωφροσύνη abhängig.

Nun ließe sich die ganze Untersuchung ins richtige Geleise bringen, wenn nicht Critias aus Eitelkeit und Recht**haberei die** Definition ἐπιστήμη ἐπιστήμης aufrechtzuerhalten und mit dem letzten Ergebnis der Untersuchung (ἐπιστήμη τοῦ ἀγαθοῦ etc.) in Einklang zu bringen versuchte, indem er darauf hinweist, dass ja die σωφροσύνη, da sie allen Kenntnissen übergeordnet sei, dadurch nütze, **dass** sie auch diese Kenntnis umfasse.

---

[1]) Wir **können also nicht** Spielmann beipflichten, welcher meint, **dass durch diese** Definition »die σωφροσύνη einen relativ richtigen Ausdruck gefunden habe« (S. 43), und dass die aufgeworfenen Schwierigkeiten nicht den Zweck haben, die Nützlichkeit des Wissens vom Wissen in Abrede zu stellen, sondern nur auf seine specifische Verschiedenheit von anderen geistigen Thätigkeiten hinzuweisen (S. 44).

Socrates bringt ihm in Erinnerung, dass sich ja früher ergeben **habe, dass** die σωφροσύνη nur eine Kenntnis der Form des Wissens **sei,** die nicht die Kenntnis **der** Objecte der einzelnen Wissenszweige **in** sich schließe. Daher könne **sie** nicht Gesundheit **bewirken,** denn diese sei Sache **der** Heilkunde, auch **nicht Nutzen, denn** dieser sei, wie **eben** behauptet wurde, **Sache der Kenntnis des Guten und Bösen** (175. A.).

Mit echter **Urbanität nimmt** Socrates **die** Schuld daran **auf** sich, **dass** in ihrer Untersuchung die σωφροσύνη, die nach der Übereinstimmung aller **ein so** kostbares Gut ist, als etwas **nicht Nützliches sich erwiesen habe,** obwohl sie **so** gern bereit **waren zu Zugeständnissen.** So sei gegen **das** Ergebnis der **Untersuchung zugestanden worden, dass es eine Kenntnis der Kenntnis gebe, ferner dass** man **wissen könne, was man weiß,** ja sogar **auch wissen,** was man **nicht weiß.** Socrates würde vor allem **den** Charmides bedauern, **wenn** er von seiner σωφροσύνη keinen **Nutzen** hätte; auch würde es ihn ärgern, umsonst soviel Mühe **auf die** Erlernung des Spruches verwendet **zu** haben. Aber in Wirklichkeit verhalte es sich **nicht** so, sondern die σωφροσύνη sei ein gar kostbares **Gut, und** wenn Charmides **sie** besitze, sei er glücklich **zu** preisen (176. A.).

Charmides **ist überzeugt,** dass es dem Socrates nicht **ernst** sei mit **seiner Rathlosigkeit, ja er** will sich von demselben Tage an **der** ärztlichen Behandlung des Socrates überlassen, und Critias billigt diesen Entschluss. Da erklärt sich denn Socrates bereit, die Behandlung des Charmides zu übernehmen. So schließt der Dialog mit deutlichen Anklängen an die Einleitung in anmuthigstem Tone.

B. Übersichtliche Zusammenstellung der Definitionen.

σωφροσύνη ist

I. Definitionen des Charmides.
1. ἡσυχιότης τις (159. B.),
2. αἰδώς (160 E.),
3. nach der Ansicht eines Weisen
   a) τὰ ἑαυτοῦ πράττειν (161 B.),
   b) τὰ οἰκεῖα, τὰ ἀγαθὰ πράττειν (163. C.),
   c) τὰ δέοντα πράττειν (164. B.).

II. Definitionen des Critias.
1. τὸ γιγνώσκειν ἑαυτόν (ἐπιστήμη ἑαυτοῦ) (164. D.).
2. τῶν τε ἄλλων ἐπιστημῶν ἐπιστήμη καὶ αὐτὴ ἑαυτῆς (166. C.).
   a) εἰδέναι, ὅτι οἶδε καὶ ὅτι οὐκ οἶδε (170. D.),
   b) εἰδέναι, ἅ τε οἶδε καὶ ἃ μὴ οἶδεν (167. A, 172. C.).
3. ἐπιστήμη, ᾗ τὸ ἀγαθὸν καὶ τὸ κακὸν οἶδεν (174. B.).

C. Sichtung der Definitionen.

Im ersten Abschnitte haben wir den Inhalt des Dialoges so wiedergegeben, dass fast nirgends der Zweck des Dialoges angedeutet wurde. Wir glaubten dies thun zu müssen, um gegen den Vorwurf gesichert zu sein, dass wir uns von einer Voreingenommenheit für ein bestimmtes Ziel leiten lassen, dem wir zustreben.

Bei dieser objectiven Entwicklung des Gedankenganges hat sich schon gezeigt, dass einzelne Definitionen unwiderlegt geblieben sind. Diese sollen nun zusammengestellt und geprüft werden, ob sie vereinbar sind, und daraus wird sich ergeben, ob der Dialog wirklich eine Definition der σωφροσύνη enthält.

Bevor noch die einzelnen Definitionen aufgestellt werden, erklärt Socrates selbst die σωφροσύνη als die Gesundheit[1]) der Seele, die von großem Einflusse auf die Gesundheit des Leibes sei, da dieser nur dann gesund sein könne, wenn es auch die

---

[1]) Nach der Ansicht des Socrates ist das Wort σωφροσύνη nicht φύσει entstanden, sondern der ὀνοματοθέτης (175. B. und 165. E. — ἄξιον τοῦ ὀνόματος —) hat nach reiflicher Überlegung die sprachliche Form mit Rücksicht auf den ihr innewohnenden Begriff gebildet.

Seele sei; man dürfe bei Charmides nur dann auf die Anwendung der Zauberformel verzichten, wenn erwiesen sei, dass er diese σωφροσύνη besitze.

I. **Definitionen des Charmides. 1. Da der** Jüngling dieses **von sich nicht zu** behaupten wagt, so muss **die** Untersuchung angestellt werden, und nun definiert er die σωφροσύνη **zuerst als Bedächtigkeit**.[1])

Diese Definition widerlegt **nun** Socrates. Dass **es ihm** damit völlig **ernst**[2]) ist, sieht man aus dem Satze, in welchem er das ganze Ergebnis zusammenfasst. Er sagt: »Selbst **wenn** die Bedächtigkeit ebensooft etwas Vollkommenes wäre (was sich aus den Beispielen **nicht ergeben hat**), als sie etwas Unvollkommenes **ist, so könnte** doch darin nicht das Wesen der σωφροσύνη liegen.

Die Widerlegung der zweiten Definition kann mit wenigen Worten stattfinden, da von ihr ja zum großen Theile dasselbe gilt wie **von der** ersten. Socrates will sagen: Wenn es auch vielleicht nur wenige Fälle gibt, in denen **die** Scheu nichts Gutes ist, so kann doch dieses Zartgefühl **nicht** gleichbedeutend sein mit σωφροσύνη; denn diese muss **unter** allen Umständen etwas Gutes sein.[3])

Die ersten zwei Definitionen enthalten **die dem ober**flächlichen Beobachter **zumeist** auffallenden, aber **nicht wesent**-

---

[1]) Dass diese Definition **wirklich nicht ganz** ungerechtfertigt ist, **könnte man daraus schließen, dass auch wir** denjenigen besonnen nennen, **der sich zum Grundsatze gemacht hat: erst** besinn's, **dann** beginn's.

[2]) Stallbaum (Bibliotheca graeca. Teubner. Vorrede zu Charmides S. 102, 118 f u. a.) betrachtet alle angeführten Definitionen trotz der Widerlegung derselben für Merkmale der σωφρονη. Nach seiner Meinung ist es Plato überhaupt mehr um die Widerlegung der irrigen Ansichten **zu thun** als um die Gewinnung einer Definition. Noch mehr gilt dies von Ochmann (Platonis Charmides etc. Vratislaviae **1827**) und Steinhart (Einleitung zu der Übersetzung **von H. Müller. I. Band.** Leipzig 1850), die dem Plato in diesem Dialoge eine Überfülle von **Tendenzen** zumuthen.

[3]) Ähnlich beurtheilt diese Widerlegung Schmelzer (Platos ausgewählte Dialoge. Berlin. Weidmann. 1884. Achter Band.) zu dieser Stelle. Anderer Ansicht sind Spielmann **a. a.** O. S. 41) und Knauer a. a. O. S. 13. — Nach ἐπισχὼν καὶ **πάνυ** ἀνδρικῶς .... διασκεψάμενος muss man ja auch erwarten, **dass ein** Charmides der Sache näher kommt, als er es früher war.

lichen Merkmale der Besonnenheit. Deshalb lässt sie Plato auch durch den jugendlichen Charmides aufstellen, der sich in derartigen **Untersuchungen** recht unsicher fühlt.

Die dritte Definition begrüßt Socrates als den Ausspruch eines **Weisen, der** aber nicht wörtlich zu verstehen, **sondern als** ein Räthsel aufzufassen **sei;** und **die** Beispiele **vom Lehrer, Schüler,** Handwerker etc. **dienen** nicht dazu, zu zeigen, **dass** das Thun des Seinigen nicht σωφροσύνη **sei,** sondern **es** soll nur bewiesen werden, dass dieser Ausspruch **ein** Räthsel **sei.** Auch Charmides hat die angeführten Beispiele nicht als Widerlegung seiner Definition aufgefasst, was man daraus ersieht, dass er 161. D. noch der Ansicht ist, dass ihre Thätigkeit in der Schule nicht πολυπραγμοσύνη, sondern σωφροσύνη **gewesen** sei.

Die Auslegung, die Critias der Definition gibt, dass nämlich unter dem Seinigen das Gute zu verstehen sei, begrüßt Socrates als **die Lösung des Räthsels** und billigt sie mit den **Worten (164. A.):** καὶ οὐδέν γέ σε ἴσως κωλύει ἀληθῆ λέγειν. Nur gibt er dieser Deutung die Form· ὁ τὰ δέοντα πράττων (σωφρονεῖ) **(164. B.), mit** der auch Critias vollständig einverstanden ist. **Da** also diese Form von Socrates herrührt und **von Critias** gebilligt wird, werden wir sie **besonders beachten**[1]) müssen.

Und diese Definition finden wir im Verlaufe des Dialoges **nirgends widerlegt.**

Zu einer Tugend, der höchsten Vollkommenheit, welcher der Mensch und nur[2]) dieser fähig ist, gehört nach der Ansicht des Socrates, dass die tugendhafte Handlung nicht blindlings, etwa aufs Gerathewohl ausgeführt werde. Dies gibt auch Critias zu und zwar mit solcher Bereitwilligkeit, dass er kein Bedenken trüge, alle Behauptungen, die er bisher aufgestellt hat, **zu widerrufen, wenn sie dieser** Annahme widersprechen sollten. Wir müssen dabei erwägen, dass Critias in Aufregung **geräth,** als Socrates seinen Ausspruch als Räthsel erklärt (162. C.), **dass er bald** darauf (166. C.) schon wieder in gereizter Stim-

---

[1]) Anderer Ansicht ist Knauer a. a. O.
[2]) Vergleiche Laches 197. A.

mung ist und 169. C. sich windet und **dreht**, um nicht eingestehen **zu** müssen, dass **er für seine** Behauptung den Beweis nicht erbringen **kann;** und dieser Mann, der **sich** fast ganz von der Rücksicht **auf sein** Ansehen bei den Zuhörern leiten lässt, **würde hier lieber** seine Behauptungen zurücknehmen, **als die** Nothwendigkeit **der** Einsicht bestreiten. Fügen wir noch **dazu,** dass **ja eigentlich** Socrates **es war, der diesen** Gedanken angeregt hat. **Damit ist** die **Bedeutung dieser** Einsicht mit allen Mitteln **hervorgehoben, die dem Verfasser** des Dialoges **zu Gebote standen.** Daraus können wir entnehmen, dass **die Untersuchung sich in der** richtigen Bahn **bewegt. Es fehlte**[1]) **gar nicht mehr viel zum** Ziele: es fehlte nur noch, dass **das Object dieser Einsicht, dieses** Wissens **angegeben werde. Und alle folgenden Fragen des** Socrates **und alle Beispiele sind auf dieses Ziel berechnet. Critias** ist nämlich, **statt dieses nahe Ziel zu** erkennen, **wieder auf Abwege** gerathen, er hat **sich eben durch seine Überzeugung von der** Nothwendigkeit **der Einsicht** verleiten lassen, **übers Ziel zu** schießen, indem **er im** Übereifer ἑαυτόν **als Object dieses Wissens angibt; und durch die** Versuche diese seine Behauptung zu rechtfertigen, **lenkt er** die Untersuchung immer weiter **von ihrem Ziele ab. Dabei ist zu beachten, dass** Critias **diese Definition —** γιγνώσκειν ἑαυτόν **— aufstellt, ohne** durch **eine** Frage des Socrates dazu **veranlasst zu sein.**

Socrates muss nun dem Critias durch ausführliche **Widerlegung seiner Behauptungen den Boden** Stück **für** Stück **entziehen, so** dass ihm schließlich alle **anderen Wege versperrt sind und er auf den richtigen Weg gedrängt wird.**

Als Object dieses Wissens, **das wesentlich zur** σωφροσύνη **gehört, gibt** Critias **zuerst an** ἑαυτοῦ **(165. C.), und obwohl ihn**

---

[1]) **Nach** Schleiermacher (**Platons** Werke aus dem Griechischen **übersetzt. 1. Theil. 2. Band. 3. Aufl. Berlin** 1855. Einl. S. 5 f.) ist hier **bereits** die Definition der σωφροσύνη ersc**höpft. Sie ist** die wahre **Gesundheit** der Seele. Selbstverständlich könne niemand besonnen sein, ohne darum zu wissen. Dazu gehöre noch, was Socrates dem Critias ohne alle Widerlegung hingehen lasse, die Erkenntniss seiner selbst. Die Erörterungen über das Wissen vom Wissen, über das Relative und Absolute seien nur scheinbare Versuche, noch neue Erklärungen der Besonnen**heit zu** finden.

Socrates eindringlich darauf aufmerksam macht, dass ja dieses gesuchte Object die Ursache des Nutzens sein muss, den die σωφροσύνη bringt, beachtet Critias diese Andeutung nicht, sondern erklärt die σωφροσύνη als ἐπιστήμη ἑαυτῆς καὶ τῶν ἄλλων ἐπιστημῶν (166. C.), wozu noch (166 E.) ἀνεπιστημοσύνης kommt, und dieses ist nach 167. A. gleichbedeutend mit εἰδέναι ἅ τε οἶδε καὶ ἃ μὴ οἶδε.

Von dieser so definierten σωφροσύνη soll nun nachgewiesen werden
I. die Möglichkeit (167. B. — 169. C.),
II. der Nutzen (169. D. — 174. B.).

I. Die Möglichkeit einer ἐπιστήμη ἑαυτῆς καὶ τῶν ἄλλων ἐπιστημῶν καὶ δὴ καὶ ἀνεπιστημοσύνης (167. C.).
   1. Eine solche Kenntnis ist nicht wahrscheinlich (Vergleich mit Sehen, Hören etc.),
   2 vielleicht sogar unmöglich.
     a) Vergleich mit Doppeltem, Halbem etc.,
     b) mit Sehen, das Farbe hat etc.

II. Trotzdem nehmen sie, damit die Untersuchung nicht ins Stocken gerathe, an, es gebe eine solche Kenntnis, und forschen nach dem Nutzen derselben.
   1. Eine solche σωφροσύνη wäre nicht Kenntnis dessen, was man weiß, sondern nur davon, dass man etwas weiß (170. D.); daher wird der Besonnene trotz seiner Kenntnis
     a) nicht den wirklichen Fachmann von dem vorgeblichen unterscheiden können (172. B.);
     b) ob er sich die anderen Kenntnisse dadurch leichter aneignen und wenigstens einen Vertreter seines Faches besser prüfen kann, ist zweifelhaft (172. D.).
   2. Aber selbst angenommen, diese σωφροσύνη sei eine Kenntnis dessen, was man weiß, und was man nicht weiß, so würden zwar die Besonnenen alles mit Sachkenntnis verrichten, und mit Leben und Gesundheit etc. wäre es besser bestellt; aber auch Leben und Gesundheit sind »der Güter höchstes nicht«, und nur dieses kann nach der Ansicht des Socrates das Endziel der Tugend sein.

Damit kommt Critias **zur** Einsicht, dass wir wahres Glück nur **durch** die Kenntnis des Guten und Bösen erreichen (174. B.). Socrates begrüßt dieses Einlenken des Critias mit dem Ausrufe: »Ὦ μαρέ, πάλαι με περιέλκεις κύκλῳ, ἀποκρυπτόμενος etc.« Diese Worte und der gleich darauffolgende Satz: »Ἀλλ', ὦ φίλε Κριτία, τὸ εὖ γε τούτων ἕκαστα γίγνεσθαι καὶ ὠφελίμως ἀπολελοιπὸς ἡμᾶς ἔσται ταύτης ἀπούσης« zeigen deutlich, dass dieses das sehnsüchtig erwartete Wissen ist, welches Socrates schon seit 164. A. im Auge hatte, das Wissen, welches das Gute und Böse zum Objecte hat.[1]

Allerdings ergibt sich nicht aus ihrer Untersuchung, dass diese Kenntnis des Guten und Bösen das Hauptmerkmal der σωφροσύνη ausmache. **Es** gibt daher nur zwei Fälle: entweder ist ihre Untersuchung richtig und daher die σωφροσύνη **etwas** Wertloses, oder die Kenntnis des Guten und Bösen ist das wesentlichste Merkmal der σωφροσύνη, diese ist aber nicht ἐπιστήμη ἐπιστήμης.

Könnte schon der Leser zweifeln, wofür er sich **zu** entscheiden hat, so zeigt insbesondere der Schluss des Dialoges, das unbegrenzte Vertrauen des Charmides zu Socrates[2]) und die Billigung dieses Vertrauens von Seite des Critias, welcher Ansicht diese beiden Mitunterredner sind. Wenn wir noch dazu finden, dass **auch in sovielen anderen** Dialogen **dieser** Periode das Wissen **des Guten als** das wesentlichste Merkmal der Tugend **bezeichnet wird**, so **haben wir** damit eine **Bestätigung der hier** gewonnenen Ansicht.

Somit haben wir **zwei** Definitionen, **die** unbestritten **geblieben** sind:

1. Die letzte, **dass die** σωφροσύνη die Kenntnis des Guten und Bösen ist. Damit haben **wir** aber nur den Begriff Tugend

---

[1]) Auch im **Gorgias**, wo Callicles endlich zugibt, dass die Begriffe gut und angenehm nicht identisch sind, begrüßt Socrates dieses lange erwartete Geständnis mit dem Ausrufe: Ἰοὺ ἰού, ὦ Καλλίκλεις, ὡς πανοῦργος εἶ, καί μοι ὥσπερ παιδὶ χρῇ etc. (499. B.). Ähnliche, wenn auch nicht so auffallende Ausdrücke der Zustimmung finden sich auch an verwandten Stellen im Laches.

[2]) Vergl. auch die **Satzform** 176. B.: ὡς φῇς σύ.

überhaupt (cf. Laches 199. D. u. a.). Dazu muss noch ein zweites Merkmal kommen, **das** diese Tugend von den anderen[1]) unterscheidet; und dieses gewinnen wir, wenn wir

2. **die letzte** Definition des Charmides[2]) dazunehmen, die, wie wir an jener Stelle gezeigt **haben**, nicht beseitigt worden ist; sie **hat nur** mehrere Änderungen erfahren und schließlich — und zwar von Socrates selbst — die Form erhalten: die σωφροσύνη bestehe darin, dass man seine Pflicht erfülle. Die σωφροσύνη ist also das auf der Kenntnis des Guten und Bösen beruhende zarte Pflichtgefühl.[3])[4])

Wenn wir nun die anderen Tugenden,[1]) die oft in den Platonischen Dialogen dieser Periode als Theile (μέρη z. B. Laches 190. C., D., 198. **A.** u. **a.**, μόρια Protag. 349. D.) bezeichnet werden, damit vergleichen, so ergibt sich: Alle Tugenden haben das wesentliche Merkmal, das Wissen vom Guten, gemeinsam. Äußert **sich** nun dieses Wissen

---

[1]) **Es sei inzwischen** dieser Ausdruck gestattet, obwohl er **der** Socratisch-Platonischen Anschauung nicht ganz entspricht.

[2]) So hat **also der Verlauf der** Untersuchung in den beiden Dialogen Laches **und Charmides große** Ähnlichkeit. Im Charmides findet der hochgebildete **Critias** (allerdings dahin gedrängt durch Socrates) das genus proximum, **während** der jugendliche Charmides die Definition einführt, **aus** der die **mehr in** die Augen fallende differentia specifica **entwickelt wird.** Ebenso erklärt auch im Laches der im philosophischen **Denken** geschulte Nicias die Tapferkeit für die Kenntnis des Guten und **Bösen,** während der mehr oberflächliche Laches die differentia specifica gefunden **hat.** — Damit dürfte wohl entkräftet sein, was Hausenblas (Zeitschr. f. öst. Gymn. 1885, S. 893) **an Bonitzens** Auffassung auszusetzen hat, dass diesem »Nicias **und Laches für** die Untersuchung gleichwertig sind«.

[3]) Daraus ersehen wir auch, dass **die** Definition durch αἰδώς schon einigermaßen zutreffend **war,** denn **diese** Ängstlichkeit **ist** die äußere Erscheinung für **die innere Wirkung. Und** wirklich **wird in** anderen Dialogen öfter σωφροσύνη und αἰδώς als geichbedeutend gebraucht. Ob an den betreffenden Stellen beide Ausdrücke auch wirklich gleichbedeutend sind, **das** würde sich erst zeigen, wenn untersucht würde, **ob an diesen** Stellen der Redende auch wirklich im Sinne des Plato **(Socrates)** spricht. Wenn in unserem Dialoge πολυπραγμονεῖν (161. D.) als **Gegensatz zu** σωφρονεῖν gebraucht wird, so hat dieses darin seinen Grund, **dass** kurz **früher** die σωφροσύνη definiert wurde als τὰ ἑαυτοῦ πράττειν.

[4]) Eine andere differentia specifica nimmt Knauer an **a. a.** O.

im Bestehen von **Gefahren**, so nennen wir dies **die Tugend** der **Tapferkeit**; äußert es sich als zartes Pflichtgefühl, so nennen wir es **Besonnenheit**; bewirkt dieses Wissen, **dass** der Mensch zum Organ der göttlichen Thätigkeit wird (Bonitz, S. 221), so heißt es **Frömmigkeit**; verhütet es, dass der Mensch seinem Nächsten unrecht thut, so erscheint es als **Gerechtigkeit**. Die einzelnen Tugenden sind also nur Äußerungen, Erscheinungsformen der einen Tugend, des Wissens vom Guten,[1]) das sich unter verschiedenen Verhältnissen verschieden bethätigt.

Da nun die σωφροσύνη die allgemeinste von den Bethätigungen der Tugend ist und dem Begriffe Tugend überhaupt am nächsten steht, **so** ist es begreiflich, dass man **gerade sie die Gesundheit der** Seele genannt hat.

D. Die wichtigsten Ansichten über den Inhalt des Dialoges.

Ast, Socher, Suckow, **Schaarschmidt u. a.**, welche die Echtheit des Dialoges bestreiten, erklären **denselben** selbstverständlich für inhaltslos. Das Vorgehen Schaarschmidts hat Bonitz in seinen Platonischen Studien S. **208 ff.** beleuchtet.

Susemihl (Die genetische Entwicklung der Platonischen Philosophie, einleitend dargestellt. **Leipzig.** 1855.) glaubt, dass der Dialog Charmides **nicht mehr der** Socratischen Periode **Platos** angehört; denn **es finden sich in** demselben schon **Anfänge der** Ideenlehre. Die σωφροσύνη, meint er, sei nur in einzelnen Zügen dargestellt; **es sei ja** überhaupt nicht Platos **Absicht** gewesen, **in diesem** Dialoge **eine** erschöpfende Definition dieser besonderen Tugend zu geben.

Munk (Die natürliche Ordnung der Platonischen Schriften. **Berlin.** 1857.) hält die Dialoge Laches und Charmides für negativ

---

[1]) Auch uns liegt es nahe, die Tugend ein Wissen zu nennen. So ruft Fr. Rückert dem Schüler zu, der beim Lernen gähnt:
»Des Lernens Süßigkeit hast du noch nicht empfunden,
Sonst wäre dir die Lust zu gähnen ganz verschwunden.«
(Das Gähnen.)

Dieselbe Ansicht vertritt auch Spielmann (Die Echtheit des Platonischen Dialoges Charmides. Innsbruck. 1875. Recensiert von Heller [Zeitschrift für das Gymnasialwesen 1878, S. 219], von Meiser [Blätter für das bayerische Gymnasial- und Realschulwesen. 11. Band. S. 337], von Siebeck [Jenaer Literaturzeitung 1876, S. 682.]).

Spielmann behauptet, dass die Untersuchung über das Wesen der σωφροσύνη nur Einkleidung sei; eigentlicher Zweck sei, das Wissen als das eigenste Wesen der allgemeinen Tugend hauptsächlich nach seiner **formalen** Seite näher zu untersuchen (S. 50). An einer anderen Stelle (S. 43) lesen wir, dass eine ausreichende, allgemein befriedigende Definition **nicht** gegeben, vielmehr die Resultatlosigkeit des Suchens nach einer solchen Definition im Dialoge selbst ausgesprochen werde (cf. auch S. 37).

Da die Recensenten **des Buches** mit der Ansicht des Verfassers **im** wesentlichen **einverstanden** sind, **sehen** wir uns genöthigt, unsere Bedenken gegen diese Ansicht anzudeuten.

Dass der Dialog seit den Zeiten des Thrasyllus auch die **Bezeichnung** περὶ σωφροσύνης führt, dürfte nicht zusehr ins **Gewicht fallen;** auch unsere Darlegung des Gedankenganges **möge nicht in** Betracht kommen, da sie für diesen Fall als **zu subjectiv** gelten könnte. Aber Einleitung und Schluss, ja **über**haupt die ganze Composition des Dialoges wäre nicht **gerecht**fertigt, wenn der Theil über die formale Seite des **Wissens** (166. C. — 175. A.) die **Hauptsache** wäre, die dann nur in einem Drittheil des Dialoges behandelt würde, während sie in den anderen Abschnitten des Dialoges **gar nicht erwähnt** wird.

Wenn der Dialog die σωφροσύνη behandelt, so ist die Person des Charmides sehr glücklich gewählt; der Dialog würde aber sicher den Namen des Critias tragen, wenn es sich in demselben hauptsächlich um das Wissen vom Wissen handelte.

Auffallend bleibt allerdings, dass der lange Abschnitt **über das Wissen vom** Wissen eine unfruchtbare Erörterung **zu sein** scheint. Die Bedeutung desselben bespricht Bonitz **Plat.** Stud. S. 235. Es sei uns gestattet, hier eine Vermuthung anzufügen.

Dass ein Wissen nothwendig zur Tugend gehöre, das war wohl allen Anhängern des Socrates auf den ersten Blick klar. Auch Critias gibt dies ja in unserem Dialoge bereitwillig zu. In Bezug **auf das Object** dieses Wissens hätten gewiss auch andere Mitunterredner nicht das Richtige getroffen, **wenn** sie sich auch nicht hinter so hochtrabenden Phrasen verschanzt hätten wie Critias. Bei der großen Bedeutung, welche dieses Wissen in der Socratisch-Platonischen Tugendlehre hat, war es daher nothwendig, dasselbe eingehend zu behandeln. Es mussten zuerst alle anderen naheliegenden Annahmen als unzureichend erwiesen werden, so dass zuletzt nur dieses Wissen vom Guten und Bösen als die einzig mögliche Grundlage der Tugend übrig blieb. Dass diese Untersuchung trotz ihrer Wichtigkeit nicht in einem bedeutenderen Dialoge, etwa im Protagoras angestellt wurde, ist begreiflich; denn auch ein Genie, das einen Protagoras und ein Symposion schuf, konnte diesem spröden Stoffe nicht leicht eine poetische Seite abgewinnen. Was war dann dazu geeigneter als ein Dialog wie Charmides, insbesondere wenn **etwa seine** Abfassungszeit **vor** der des Laches und Protagoras liegt. Und dafür könnte der Umstand sprechen, **dass** es im Dialoge Laches schon als selbstverständlich gilt, dass zur Tapferkeit ein Wissen gehört (194. D.), während in unserem Dialoge Critias erst darauf aufmerksam gemacht werden muss. Nicias **weiß** auch schon, dass **Gesundheit und** Leben nicht immer ein wirkliches Gut sind **(191. C.** u. **D.**, verglichen mit Charm. 171. Dss.). Dass Laches auch in künstlerischer Beziehung höher **steht als** Charmides, dürften wohl die meisten zugeben.[1]) Vielleicht könnte man auch in Anschlag bringen, dass dieses Wissen im Dialoge Charmides nur ἐπιστήμη genannt wird, im Laches bald ἐπιστήμη, bald σοφία, im Protagoras in der Regel σοφία.

Könnten wir uns also bestimmt finden, den Dialog Charmides **vor** Laches **und** Protagoras anzusetzen, dann dürften wir auch die etwas ermüdende Untersuchung über das Wissen vom Wissen recht begreiflich finden.

---

[1]) Allerdings Schmelzer (zu c. 1) ist anderer Meinung.

Allerdings müsste, wenn die Ansicht Spielmanns richtig wäre, das Ergebnis des Dialoges als negativ betrachtet werden, da sich ja die Unmöglichkeit eines solchen Wissens vom Wissen herausstellt.

K. Fr. Hermann (Geschichte und System der Platonischen Philosophie. Heidelberg. 1839.) erwartet sich gar keine Definition (vergl. S. 388, 443, 446.).

Die Ansichten Stallbaums, Steinharts, Ochmanns und Schmelzers sind S. 19. Anm. 2, bezw. S. 15. Anm. 2, besprochen worden.

Pawlitschek (Progr. d. k. k. Ober-Gymn. in Czernowitz. 1883.) behauptet, dass im Dialoge Charmides unter σωφροσύνη nicht eine Tugend zu verstehen sei, sondern ganz allgemein die gesunde, wohlgefällige Beschaffenheit der Seele (S. 28); und da dieser Begriff zu allgemein und zu subjectiv sei, als dass eine erschöpfende Definition gefunden werden könnte, so müsse der Dialog selbstverständlich negativ schließen (S. 26).

Nussbaumer (Progr. d. k. k. St.-Gymnasiums in Görz. 1884.) ist der Ansicht, dass alle verwandten Dialoge der Socratischen Periode rein negativ schließen (S. 5).

Steger (Platonische Studien. Innsbruck. 1869—1872) betrachtet ἑαυτοῦ ἐπιστήμη als genus proximum der σωφροσύνη.

Am meisten stimmen wir mit der Ansicht überein, welche Al. Knauer (Programm d. k. k. Staats-Obergymnasiums in Bielitz. 1889.) vertritt. In welchen Punkten wir von den Ergebnissen dieser Untersuchung abweichen, haben wir bereits an den betreffenden Stellen angedeutet.

Eingehend müssen wir uns beschäftigen mit einer Monographie, die unseren Dialog mit großer Gründlichkeit und mit viel Geistesschärfe behandelt, wir meinen das Buch »Plato's Charmides, inhaltlich erläutert von Dr. Th. Becker. Halle. 1879«, angezeigt in der Zeitschrift f. öst. Gymn. 1880. S. 429—432 von K. Ziwsa.

Die meisten Fachmänner dürften wohl dieses Buch mit gemischten Gefühlen lesen. Sie werden sich freuen über die lichtvolle, geistreiche Behandlung, die viele Theile unseres Dialoges erfahren; und doch gibt es wieder »Cardinalfragen«, in denen **Becker** einen Standpunkt einnimmt, zu dessen Billigung sich wohl mancher schwer entschließen dürfte.

Diese Fragen bedürfen einer ausführlichen Besprechung. Dies veranlasste uns auch, den Dialog noch einmal eingehend zu behandeln, obwohl es uns **im voraus klar** sein musste, dass wir in Bezug auf den Gedankengang und Zweck des Dialoges zum Theile zu Ergebnissen kommen dürften, die mit denen unserer Vorgänger übereinstimmen. Wir glaubten aber, dieser Theile mit Rücksicht auf die **nun zu** behandelnden Fragen nicht entrathen zu können. **Die** ausführliche Behandlung, die diese Punkte erfordern, ließ **es** auch angezeigt **er**scheinen, unsere Entgegnung nicht in einzelne Anmerkungen zu zersplittern, weil dadurch der Fortgang der Untersuchung zu oft wäre unterbrochen worden, und weil auch die **Bedenken**, die wir gegen Beckers Ansicht geltend machen wollen, an Wirkung eingebüßt hätten, wenn sie getrennt besprochen worden wären.

Wir wollen nun die Behauptungen Beckers, mit denen wir uns nicht einverstanden erklären können, ausführlich besprechen, wollen aber damit, wie gesagt, nicht etwa, weil wir nur Gelegenheit haben, gegen das Buch zu polemisieren, die vielen Vorzüge desselben leugnen, die in anderer Richtung liegen. **So hat** Becker manche bisher dunkle Stelle richtig aufgefasst und scharfsinnig erklärt und mit durchdringendem Verstande den Faden, der die einzelnen Definitionen verbindet, aufgedeckt. Mit richtigem Blick hat er auch die Irrthümer in den Ansichten Steinharts, Spielmanns u. **a.** herausgefunden **etc.**

Beckers wichtigste Ansichten sind:

I. Die σωφροσύνη ist nicht eine sittliche, sondern eine allgemein geistige Tugend (S. 2, 10, 11, 56 u. a.).

II. Das Wissen vom Wissen ist identisch mit der Selbsterkenntnis und gehört daher wesentlich zur Definition der σωφροσύνη (S. 45, 50, 53 u. a.). Daraus folgt:

III. Der eigentliche Zweck des Dialoges **ist** nicht der, eine Definition der σωφροσύνη zu geben; denn diese ist schon p. 164 vollständig richtig bestimmt (S. 43, 86 [66, 102]); **von da** an wird nicht mehr untersucht, »ob die Definition richtig sei, sondern ob sie wahr sei. ... ob sie nicht Begriffsmomente vereinige, die nicht zu vereinigen sind«. Da nun dieses Wissen vom Wissen, eine wesentliche Bestimmung der σωφροσύνη, sich als undenkbar erweist, so schließt der Dialog negativ (S. 5 u. 102).

Da die Beurtheilung des ersten Punktes zum Theile von der Entscheidung der zweiten und der **damit** zusammenhängenden dritten Frage abhängt, so wollen **wir** mit der Behandlung der zweiten und dritten Frage **beginnen.**

I. Gehört das Wissen **vom** Wissen wesentlich zur Definition **der** σωφροσύνη?

Die Behauptung Beckers lautet, dass mit der Angabe, zur σωφροσύνη gehöre nothwendig auch Selbstkenntnis, die Definition dieser Tugend bereits gefunden sei. Es handle sich nun darum, was unter dieser Selbstkenntnis zu verstehen sei, und ob in dem **Sinne,** in welchem Critias und Socrates sie fassen (**Wissen** vom Wissen), eine solche auch denkbar sei. »Sich selbst erkennen«, sagt Becker (S. 45), »heißt sein eigenes Wissen auf seine Wahrheit hin untersuchen, das Meinen vom Wissen unterscheiden können **und so** unterscheiden können, ob eine Maßregel passend **ist** oder nicht.«

Wir verweisen auf Bonitz (S. 233) und auf unsere Entwicklung des Gedankenganges (S. 10 ss. u. S. 21), wo wir dargethan zu haben glauben, dass die Ersetzung des ursprünglichen Ausdruckes ... καὶ οὐκ ἂν αἰσχυνθείην, ὅτι μὴ οὐχὶ ὀρθῶς φάναι εἰρηκέναι, μᾶλλον ἢ ποτε συγχωρήσαιμ᾽ ἂν ἀγνοοῦντα αὐτὸν ἑαυτὸν ἄνθρωπον σωφρονεῖν (164. D.) = γιγνώσκει αὐτὸν ἑαυτόν, ὅτι σωφρονεῖ durch γιγνώσκειν ἑαυτόν = ἐπιστήμη ἑαυτοῦ und die Weiterentwicklung dieser Form in ἐπιστήμη ἑαυτῆς etc. von Critias infolge eines Missverständnisses vorgenommen wird gegen den Willen **des Socrates.**

Dazu **wollen wir hier** noch Folgendes bemerken:

1. Es ist allerdings nicht leicht ein Gedanke bei Socrates **so** geläufig als der, sein Wissen auf Wahrheit und Unwahrheit zu untersuchen; aber nirgends kommt in diesem Sinne der Ausdruck ἐπιστήμη ἐπιστήμης vor. Hier wird dieser Gedanke nicht von Socrates ausgesprochen, sondern vom sophistischen Critias, der zwar seine Gedanken in viele und prunkende Worte kleidet, aber die oben angeführte Socratische Forderung mit keiner Silbe erwähnt (vergl. dagegen Laches 194. C.). In **seiner** Verlegenheit hätte er es gewiss nicht unterlassen, damit wenigstens scheinbar dem Socrates **einen Theil der** Verantwortlichkeit zuzuschieben. Erst Socrates kommt **beim** Beweise von der Unmöglichkeit **eines** Wissens vom Wissen auch **zu** der Auffassung, dass wir durch ein solches Wissen vielleicht **unser** Wissen prüfen könnten. Wir sind daher nicht berechtigt, **das hier genannte** Wissen vom Wissen der vielgerühmten **Socratischen** Selbstprüfung gleichzusetzen, schon deshalb **nicht, weil ja** Socrates mit sich selbst in Widerspruch käme, wenn er **das, was er** allen **zur** Pflicht gemacht und was er gegen sich selbst strenge geübt hat, hier als nicht nützlich, ja **als** unmöglich hinstellte, selbst wenn bloß an eine »begriffliche Unmöglichkeit« (wie Becker S. 58 meint) zu denken wäre.

2. Gewiss hätte auch Socrates, wenn er bei seinen Fragen (164 **ff.**) dieses Wissen vom Wissen **im** Auge gehabt hätte, bei der ersten Reihe von Beispielen (165. C. ff.). Heilkunde, Baukunst, Rechenkunst u. s. w. nicht gerade den Nutzen sosehr betont, während **sie ja** doch durch die Antworten des Critias dahin kommen, ein Wissen anzunehmen, das sich später als nicht nützlich erweist. Ist dies nicht ein Beweis, dass sich Critias nicht von Socrates leiten lässt und dass die Antwort nicht im Sinne des Socrates erfolgt ist? Allerdings entgegnet uns Becker (S. 48) darauf: »Socrates will durch diese Beispiele den Critias zur Einsicht bringen, „dass das Wissen von sich selbst kein unmittelbar praktisches Wissen ist, sondern zunächst ein rein theoretisches", und Critias geht auch richtig auf die Absicht des Socrates ein.« Wenn wir aber **die** Beispiele genau betrachten, werden wir sagen müssen, dass **es wo**hl der viel bewunderten Dialektik eines Plato nicht **würdig wäre,** wenn er beidemale den Socrates dadurch die richtige Antwort erzielen ließe, dass dieser sich stellt, **als** ob er gerade der entgegengesetzten Ansicht wäre. **Wir** werden daher auch dieser Behauptung Beckers **nicht beistimmen können.**

3. Dass Socrates 168. A. u. 169. B. die Möglichkeit eines solchen Wissens nicht entschieden bestreitet, sondern nur seine Zweifel ausdrückt, geschieht nicht, wie Becker (S. 64 f.) meint, **weil** es dem Socrates selbst erwünscht wäre, wenn sich die Möglichkeit desselben ergäbe, sondern gewiss nur aus Socratischer Urbanität überhaupt und aus Rücksicht auf den leicht reizbaren Vertheidiger dieses Wissens, der mit Vorsicht behandelt werden muss, wenn das Gespräch zu einem Abschluss gebracht werden soll.

4. Die Aufregung, **in** die Critias geräth, ist gleichfalls nur dann erklärlich, wenn **er** sich im **Widerspruch weiß** mit Socrates und fürchtet, er **könnte** nun bei **der** Vertheidigung seiner Behauptung gegen Socrates einen schweren Stand haben.

5. **Wenn** Becker meint (S. **49** u. 50), eine ἐπιστήμη ἑαυτοῦ müsse ja immer eine Kenntnis seines Wissens sein, denn wer sich selbst kenne, **der kenne vor** allem sein Wissen, so **ist** dem entgegenzuhalten, dass ein Arzt, der seinen Gesundheitszustand erforscht hat, auch eine ἐπιστήμη ἑαυτοῦ besitzt, **ohne** dass dies eine ἐπιστήμη ἐπιστήμης wäre.

6. **Auch den Wortlaut zweier** Stellen glaubt Becker als **Beleg für seine Ansicht anführen** zu können, nämlich 167 A. Ὁ ἄρα σώφρων μόνος αὐτός τε ἑαυτὸν γνώσεται καὶ οἷός τε ἔσται ἐξετάσαι, τί τε τυγχάνει εἰδὼς καὶ τί μή . . . und 169. D. τοῦτο γὰρ δήπου ἔφαμεν εἶναι τὸ γιγνώσκειν αὐτὸν καὶ σωφρονεῖν. An der ersten Stelle kann doch dieses ἄρα auch bedeuten: nach deiner Ansicht, o Critias, (die ich nicht billige); und **mit ἔφαμεν** an der zweiten Stelle kann auch Socrates sagen· »Dir, o Critias, ist aus der Selbstkenntnis eine ἐπιστήμη ἐπιστήμης geworden, und ich folgte dir auf **diesem Wege, um die** Richtigkeit deiner Behauptungen **zu** prüfen. Belege **für** derartige Fälle, dass sich Socrates **mit dem** Mitunterredenden einstweilen identificiert, ohne deshalb **die Behauptung** desselben **zu** billigen, brauchen wir **wohl nicht erst** beizubringen. Ja, aus einer anderen Stelle kann **man deutlich** ersehen, dass Socrates jede Verantwortlichkeit dafür ablehnt, dass die Untersuchung diese Entwicklung genommen hat. Es ist die Stelle 169. B.: σὺ οὖν, ὦ παῖ Καλλαίσχρου — τίθεσαι γὰρ σωφροσύνην τοῦτ' εἶναι, ἐπιστήμην ἐπιστήμης καὶ δὴ καὶ ἀνεπιστημοσύνης — πρῶτον μὲν τοῦτο ἔνδειξαι, ὅτι δυνατὸν

.... κἀμὲ τάχ᾽ ἂν ἀποπληρώσαις, ὡς ὀρθῶς λέγεις περὶ σωφροσύνης, ὃ ἔστιν.

7. Ferner ist zu beachten, dass Socrates in der Regel dort, wo der Mitunterredende eine Antwort gibt, welche die Untersuchung fördert, in ganz auffallender Weise seine Zustimmung ausdrückt (vergl. 161. C., 164. A., 174. B., ähnliche Fälle im Dialoge Laches etc.), während an unserer Stelle sich **mindestens** keine Andeutung seiner Billigung findet; ja, die **meisten** Erklärer haben bisher das **Gegentheil** davon aus dieser Stelle entnommen. — Erst als Critias zugeben muss, **dass** seine Behauptung in jeder Beziehung unhaltbar sei, und einlenkt **in den** einzigen Ausweg, der ihm noch übrig geblieben ist, **und als das** Wissen, das allein glücklich macht, die Kenntnis des Guten und Bösen erklärt: da drückt Socrates in einer Weise, **die** nicht missverstanden werden kann, aus, dass dieses die Antwort ist, die er schon längst erwartet hat; er fügt aber auch hinzu, dass diese Kenntnis wesentlich verschieden ist von dem Wissen des Wissens und damit auch von der Selbstkenntnis im Sinne des Critias.

8. Was für ein seltsamer Gang der Untersuchung wäre dies, wenn Socrates und Critias erforschen wollten, was unter Selbstkenntnis zu verstehen sei, und das freudig begrüßte Ergebnis der Untersuchung wäre — dass das Wissen vom Guten und Bösen allein glücklich macht!

9. Wenn Beckers Ansicht richtig wäre, so müsste doch am Ende der Untersuchung vor allen Socrates von der »begrifflichen Unmöglichkeit der σωφροσύνη« überzeugt sein. Nun **finden** wir aber im Dialoge gerade das Gegentheil. Socrates beklagt es nämlich (175. B. ff.), dass sie in ihrer ἐπιστήμη ἐπιστήμης die σωφροσύνη nicht gefunden haben; und an einer späteren Stelle (176. A.) hegt er gleich nach der Aufzählung der Schwierigkeiten, die der Annahme einer ἐπιστήμη ἐπιστήμης entgegenstehen (**175.** B. u. C.), noch immer die Überzeugung, dass eine σωφροσύνη möglich, ja, dass sie die Quelle des höchsten Glückes ist. Wenn er also damit die Möglichkeit der σωφροσύνη nicht bezweifelt, wohl aber gegen ein Wissen vom Wissen gewichtige Bedenken hegt, so **kann** er dieses

Wissen vom Wissen nicht als wesentliches Merkmal der σωφροσύνη betrachten.

Es kann daher die Ansicht Beckers (S. 66) nicht richtig sein, dass die Definition der σωφροσύνη schon längst festgestellt ist (schon 164. E.), und dass dieser Theil der Untersuchung (165. C.—175. A.) den Zweck hat, die begriffliche Möglichkeit derselben zu erweisen, dass sich aber dabei die σωφροσύνη als begrifflich nicht möglich herausstellt.

Wir werden daher mit Bonitz annehmen, dass dieses Wissen vom Wissen nicht gleichbedeutend ist mit der Einsicht, die zur σωφροσύνη unumgänglich nothwendig ist, sondern dass es gegen den Willen des Socrates dafür gesetzt wurde. Dann gehört auch dieser ganze Abschnitt (165 C.—175. A.) nicht wesentlich zur Definition der σωφροσύνη, sondern er ist nur ein Abirren vom richtigen Wege. Die Definition der σωφροσύνη schreitet erst dort wieder vorwärts, wo Critias die Kenntnis des Guten und Bösen für das allein beglückende Wissen erklärt.

Allerdings ist dies nach Beckers Meinung auch ein Wissen vom Wissen. Wäre diese Ansicht richtig, so müsste der Dialog negativ schließen, was ja Becker auch behauptet; denn auch dieses Wissen wäre dann nicht möglich.

Die Stelle, auf die sich Becker beruft, scheint auf den ersten Blick für ihn zu sprechen. 174. B. sagt Socrates: »πάλαι με περιέλκεις κύκλῳ, ἀποκρυπτόμενος, ὅτι οὐ τὸ ἐπιστημόνως ἦν ζῆν τὸ εὖ πράττειν τε καὶ εὐδαιμονεῖν ποιοῦν, οὐδὲ ξυμπασῶν τῶν ἄλλων ἐπιστημῶν, ἀλλὰ μιᾶς οὔσης ταύτης μόνον τῆς περὶ τὸ ἀγαθόν τε καὶ κακόν.« Wenn man aber bedenkt, dass Socrates und Critias schon seit 173. E. von Kenntnis im gewöhnlichen Sinne reden (von der Kunst das Leder zuzuschneiden, das Erz zu bearbeiten, von der Kenntnis des Sehers, von der Kenntnis desjenigen, der das Gegenwärtige, Vergangene und Zukünftige weiß, von der Kenntnis des Brettspieles etc.), dass also in allen diesen Fällen nicht an ein Wissen vom Wissen zu denken ist, so wird man auch annehmen, dass die Construction μιᾶς οὔσης ταύτης μόνον τῆς περὶ etc. nur nach Analogie des vorausgehenden Satzes gebildet worden ist, ohne dass an ἐπιστήμη ἐπιστήμης περὶ τὸ ἀγαθόν etc. gedacht werden müsste.

So haben es bisher auch alle Übersetzer aufgefasst und geben es mit den Worten: das Leben nach dieser einen Erkenntnis (Schleiermacher) oder: das Leben im Besitze dieser einen Kenntnis, nämlich der des Guten und Bösen.

Dass nicht an ein Wissen **vom** Wissen zu denken ist) geht daraus hervor, dass diese Kenntnis gleich darauf (174. D., ausdrücklich scharf von der ἐπιστήμη ἐπιστήμης unterschieden wird mit den Worten: οὐ γὰρ ἐπιστημῶν γε καὶ ἀνεπιστημοσυνῶν ἡ ἐπιστήμη ἐστίν, ἀλλὰ ἀγαθοῦ τε καὶ κακοῦ; damit ist sie **auch** von der σωφροσύνη, wie Socrates und Critias sie früher[1]) angenommen haben, verschieden (οὐχ αὕτη δέ γε, ὡς ἔοικεν, ἐστὶν ἡ σωφροσύνη). Auch ist die Kenntnis des Guten und Bösen wie die Heilkunde, **die** Rechenkunst und andere, mit denen sie auch durch die Art des Objectes verwandt ist, und die alle kein Wissen vom Wissen sind, der ἐπιστήμη ἐπιστήμης — wenn es eine solche gibt — untergeordnet; daher müsste diese **ἐπιστήμη** ἐπιστήμης, da sie einem Wissen vom Wissen des Guten übergeordnet wäre, wenn wir so sagen dürfen, gar ein Wissen dritter Potenz sein.

Socrates hätte gewiss auch diese Kenntnis des Guten nicht sosehr mit Freuden begrüßt, wenn sie gleichfalls ein Wissen vom Wissen und damit unmöglich wäre. Dass er sie für möglich hält, zeigt der Schluss des Dialoges.

Diese Kenntnis des Guten und Bösen kommt ja auch in anderen Dialogen vor. Allerdings vertritt Becker den Grundsatz, dass jeder **Dialog nur** aus sich selbst zu erklären sei. Aber wenn irgendwo, so muss es hier gestattet sein, die verwandten Dialoge heranzuziehen, insbesondere den Dialog

---

[1]) Eine ähnliche Erscheinung ist 174. E., wo Socrates einen falschen Schluss zu ziehen scheint, indem er leugnet, dass das Wissen vom Wissen **Nutzen** habe, während es doch nach 172. C. nicht bloß **eine** Kenntnis **von** der Kenntnis, sondern auch **von** den Objecten derselben ist. Socrates war eben von Anfang an mit dieser ἐπιστήμη ἐπιστήμης nicht einverstanden und hat daher die 172. C. nur vorübergehend gemachte Annahme bereits wieder fallen gelassen. Dies ersieht man aus dem ganzen Abschnitt 174. E., insbesondere aus den Worten: Οὐκ ἄρα ὑγιείας ἔσται δημιουργός (ἡ σωφροσύνη.) — Mit Unrecht wird dem Plato auch noch ein zweiter falscher Schluss zugemuthet (Becker p. 77). Socrates setzt **eben** beim prüfenden Arzte nicht ein »kritisches Wissen« voraus.

Laches. In diesem wird unser Wissen vom Guten und Bösen zu wiederholtenmalen erwähnt (insbesondere 199. C. ff.) und wie hier als das Wesen der Tugend bezeichnet. Aber nirgends findet sich auch nur die leiseste Andeutung, dass wir dabei an ein Wissen vom Wissen zu denken und etwa dasselbe gar für unmöglich zu halten haben. Auch in den anderen Dialogen, in welchen dieses wesentliche Merkmal der Tugend besprochen wird, fasst es niemand als ein Wissen vom Wissen. Und selbst **wenn** jemand der Ansicht Beckers beipflichten sollte, dass es sich im Dialoge Charmides um eine »allgemein geistige«, im **Laches,** Euthyphron etc. um eine sittliche Tugend handle, so bliebe unser Vergleich noch immer berechtigt; denn zu einer sittlichen Tugend würde doch nicht minder ein »kritisches **Wissen«** (also ein Wissen vom Wissen nach Beckers Meinung) erforderlich sein als zu einer allgemein geistigen, deren Wesen **darin besteht,** dass sie überall **mit** richtigem Urtheile das **Zweckmäßige** erkennt.

Daher **werden wir** die **Kenntnis** des Guten und Bösen **nicht als ein** Wissen **vom** Wissen betrachten. Dann ist unsere Behauptung richtig, dass mit der Auffindung dieser Kenntnis **die** Untersuchung wieder in die rechte Bahn einlenkt, und dass damit das wesentlichste Merkmal der σωφροσύνη gefunden **ist.** Dann schließt auch der Dialog nicht negativ, sondern **Plato** (und Socrates) glaubt nicht bloß an ein »factisches« Bestehen der σωφροσύνη, sondern auch an die »begriffliche Möglichkeit« derselben (Becker S. 58 u. 66), und zwar ist die σωφροσύνη eine sittliche Tugend und gleichzustellen der Frömmigkeit, Tapferkeit und Gerechtigkeit.

II. Ist die σωφροσύνη eine sittliche oder eine allgemein geistige Tugend?

Becker behauptet, **in unserem** Dialoge sei nicht, wie man **bisher allgemein angenommen hat,** von einer sittlichen Tugend **die Rede,** sondern **von** einer allgemein geistigen, d. h. von jener geistigen Tüchtigkeit, welche überall das Angemessene, Nützliche zu ergreifen weiß. Die wichtigsten Stellen seines Buches, die darüber handeln, sind S. 22, 24, 34, 42 und vor allen 43.

Von **den** drei Stufen, welche im geistigen Leben **als Maßstab für den** Wert der einzelnen Handlungen dienen können (nützlich — schön — sittlich), hat nach Beckers Ansicht die Socratisch-Platonische Philosophie in der Regel bloß die zweite Stufe erreicht; **die** σωφροσύνη des Dialoges Charmides **stehe in der** Regel auf **der ersten Stufe, nur in der ersten und dritten** Definition erhebe sie sich **auf die** zweite Stufe, und dieses werde nachher im Dialoge wieder gänzlich vernachlässigt (S. **40.** u. 42).

Wir wollen nun zuerst, wie Becker es verlangt, den **Dialog Charmides** nur für sich **allein** betrachten, der Untersuchung Schritt für Schritt folgen und an jeder Stelle prüfen, was Ansicht des Platonischen Socrates **ist.**

Vor allem ist zuzugeben, was Becker (**S.** 10, 14, 15 u. a.) **betont,** dass im Dialoge Charmides nirgends **die** Rede ist »von einer einzelnen, neben anderen[1]) bestehenden Tugend«. Auch die Bedeutung des Wortes und die der Etymologie entsprechende Auslegung, welche Socrates demselben in der Erzählung von Zalmoxis gibt, sind ganz gut vereinbar **mit der Ansicht** Beckers, dass die σωφροσύνη »das gesunde, **normale Verhalten** des Geistes« bedeute. Ob damit »die ganz**e Tugend«** (S. 11) und zwar »im allgemein geistigen **Sinne«** (S. 10) **gemeint sei,** werden wir untersuchen müssen.

Aus der ersten **Definition** folgert Becker:

1. **Dass** langsame Bedächtigkeit und Schnelligkeit σωφροσύνη **seien, aber** nur, soweit jede καλόν sei (S. 13); »beide werden zur σωφροσύνη nur durch das καλόν« (S. 14), und »jede Handlungsweise, die theil hat am καλόν, ist deshalb auch σώφρων.... alle lobenswerten Handlungen sind mit dem Prädicate σωφροσύνη zu bezeichnen«.

2. Da es in den angeführten Beispielen sich nur handle um Gewandtheit, Tüchtigkeit, **um** eine gute Durchbildung und Entfaltung seiner Kräfte, **so könne hier nicht von** einer sittlichen Tugend **die Rede** sein, **sondern von** dem viel allgemeineren lobenswerten (so übersetzt Becker καλός) geistigen Verhalten (S. 15 u. 16).

---

[1]) Man vergleiche dazu unsere Bemerkung Seite 24, 1.

Wenn wir gleich bei der letzten Behauptung bleiben, so müssen wir Folgendes entgegnen: »Dass die in dieser Definition gebrauchten Begriffe von so allgemeiner Natur sind, darf uns gar nicht wundern, wir haben ja die erste Definition vor uns, von der nicht erwartet werden kann, dass sie den Umfang des Begriffes scharf begrenze, eine Definition, die sich noch dazu als unrichtig erweist. Auch auf die Beispiele dürfen wir nicht zu großes Gewicht legen; denn die Beispiele wählt Socrates der Definition entsprechend; und wenn er da, wie Becker meint, nicht den Maßstab des Sittlichguten anlegt, sondern den allgemeineren des Lobenswerten, »o zeigt er damit nur, wieviel dieser Definition zur Richtigkeit fehlt, er sagt: »Deine σωφροσύνη, o Charmides, liegt nicht einmal ganz in der Sphäre des übergeordneten Begriffes »lobenswert« umso weniger in der engeren Sphäre des Sittlichguten.

Auch der ersten Ansicht Beckers können wir nicht zustimmen. In dem Satze (159 C.): οὐ τῶν καλῶν μέντοι ἡ σωφροσύνη ἐστί; sind Subject und Prädicat nicht äquipollente Begriffe, so dass man sagen könnte: »Alles, was σωφροσύνη ist, ist καλόν«, und ebensogut: »Alles, was καλόν ist, ist auch σωφροσύνη; es geht daher die σωφροσύνη über den Maßstab des καλόν nicht hinaus.« — Und in dem Satze: οὐ τοίνυν κατά γε τὸ σῶμα ἡ ἡσυχιότης ἄν, ἀλλ' ἡ ταχυτής σωφρονέστερον εἴη etc. ist doch der Optativ mit ἄν nicht ohne Bedeutung. — Becker sieht sich auch infolge seiner Ansicht gezwungen, dem Plato gleich hier einen Fehler im Beweisgange zuzumuthen. Er sagt (S. 14): »Sollte demnach die Erörterung einen immanenten Fortgang haben, so wäre fortzufahren: sie (Bedächtigkeit und Schnelligkeit) sind σωφροσύνη nur durch das καλόν; um also das Wesen jener (der σωφροσύνη) zu finden, ist zunächst das dieses festzustellen.«

Dass in der zweiten Definition αἰδώς sittlich gefasst ist, gibt Becker zu. Er behauptet aber, dass diese Definition eben wegen ihrer Beschränkung auf das sittliche Gebiet bekämpft werde.

Ausdrücklich gesagt wird dies bei Plato nicht; und die Widerlegung dieser Definition ist zu kurz, als dass wir viel daraus schließen könnten, ohne **uns** der Gefahr auszusetzen, dass wir dem Schriftsteller etwas unterschieben, **was** er gar nicht sagen wollte. Socrates **zeigt** nur, dass **die** beiden Begriffe sich nicht decken. **Mehr** daraus zu schließen sind wir nicht berechtigt, weil jede weitere Andeutung fehlt, selbst wenn ἀγαθός »zweckentsprechend, **brauchbar**« heißt, was Becker behauptet (S. 21 f.) mit Berufung auf die Homerstelle, »welche hier das einzige **Mittel ist,** Aufschluss über **die** Auffassung des Begriffes zu erhalten.« **Wer aber** berücksichtigt, dass die Griechen kein **Bedenken getragen** haben, Citate nicht **nur der Construction nach,** sondern auch in Bezug auf den Sinn ganz nach **Bedarf zu ändern** (wofür wir in unserem Dialoge noch **ein** auffallendes **Beispiel** finden, ebenso im Protagoras u. a.), der **wird** sagen, **dass** nicht deshalb auch Socrates das Wort ἀγαθός in der Bedeutung »zweckentsprechend« gebraucht **haben muss, weil** es bei Homer in diesem Sinne verwendet **wird.** Wir müssten ja sonst annehmen, dass Plato in Bezug auf den **Maßstab** von der Stufe, zu der er sich bereits **in der ersten** Definition erhoben hat, indem er die σωφροσύνη für **ein καλόν** erklärt, wieder herabsteigt. Dem widerspricht **ja auch** der Satz (160. E.): Οὐ μόνον οὖν ἄρα καλόν, **ἀλλὰ καὶ ἀγαθόν ἐστιν.**

Besser dürften **wir wohl thun, wenn wir sagen,** zur Anwendung **dieses Maßstabes** ἀγαθός (in welchem Sinne, das bleibe **dahingestellt)** wurde Socrates durch das **Wort** αἰδώς verleitet, weil dieses **in ihm** die Erinnerung an **die Homerstelle wachrief.** Freilich **könnte** man **sagen:** »die ganze Definition stammt ja von Plato her, und die **in** seinen Dialogen auftretenden Personen **sind ja** nur Figuren in seiner Hand, die er sprechen und handeln lassen kann, wie er will.« Wir haben aber an einer anderen Stelle bereits bemerkt, dass Plato zuerst die Ansichten über die σωφροσύνη bespricht, die damals gang und gäbe waren, **und zwar** haben wir in der Behandlung einen Fortschritt wahrgenommen von der rein äußerlichen Erscheinung, der Bedächtigkeit, zur Gesinnung, die sich durch αἰδώς ausdrückt. Diese sehr verbreitete Definition musste also besprochen werden, aber der Schriftsteller konnte sie auch mit wenig Worten abthun. Die nächste Definition ist nicht mehr eine allgemein verbreitete, volksthümliche, sondern sie »stammt von einem Weisen her« und gibt dann für die endgiltige Begriffsbestimmung die differentia specifica. So glauben **auch** wir einen Zusammenhang aufgedeckt zu haben **zwischen den drei** Definitionen gegenüber dem Zusammenhange, den **Becker** bei seiner Auffassung findet, und der allerdings, wie **wir** gerne zugeben, manches für sich hat.

Wir behaupten also, um wieder zur Hauptsache zurückzukehren, **dass** die zweite Definition sittlich gefasst ist; Becker gibt dies ja gleichfalls zu. Wir behaupten aber ferner, dass Plato **diese** Definition zurückweisen musste, auch dann, wenn **er** die **Absicht** hatte, die ethische Tugend σωφροσύνη zu bestimmen; denn auch der Begriff »sittliche Scheu« ist dem **Umfange** nach **zu** eng und dem Inhalte desselben fehlt das Merkmal, das die σωφροσύνη nach der Anschauung des Socrates **erst** zur Tugend **macht,** das Wissen vom Guten und Bösen.

Die dritte Definition gibt Becker weniger Veranlassung seinen Standpunkt besonders zu betonen. Nur das sei erwähnt, **dass er aus der Anwendung der Beispiele** 'Lesen, Schreiben etc.' folgert, die σωφροσύνη offenbare sich darin, dass man Lesen, Schreiben u. s. w. **zweck**entsprechend anwende (S. 34). Auch sonst sucht Becker überall den Begriff »zweckentsprechend« hervorzukehren; so sagt er (S. 39): »τὰ ἑαυτοῦ πράττειν kann recht gut auch bedeuten: das, was zu seinem **Heile** gereicht, also das Zweckmäßige . . .«, ὠφελίμως (163. C.) übersetzt er (S. 40) mit zweckmäßig. Heißt dann βλαβερός unzweckmäßig? Wenn wir (163. C.) lesen: τὰ γὰρ καλῶς τε καὶ ὠφελίμως ποιούμενα ἔργα ἐκάλει und später dafür ἀγαθός gebraucht wird, kann dies zweckmäßig heißen? Sogar τὰ δέοντα heißt nach Becker (S. **44)** »das Zweckentsprechende«; δεῖ ist doch gleich oportet, welches eine sittliche Nothwendigkeit bedeutet.

Fassen wir zusammen, **was die** Betrachtung der ersten drei Definitionen **ergeben** hat, so müssen wir sagen: Diese **drei** Definitionen **sind** unvollkommene Versuche, den Begriff **der** σωφροσύνη festzustellen. Sie mussten es sein, weil ja sonst **nicht Gelegenheit** geboten worden wäre, auch die im Volke **verbreiteten** Ansichten **zu** untersuchen, was zu einer erschöpfenden Behandlung der Frage gehörte. Dann können aber auch die Schlüsse, die wir aus diesen unvollkommenen Versuchen ziehen, nicht zusehr ins Gewicht fallen. Selbst angenommen, dass **in** allen drei Definitionen **nur von** der Zweckmäßigkeit die Rede ist, dass der Maßstab des καλόν nur gelegentlich angewendet wird, so würde dies nicht ausschließen, dass eben nur bei **den** ersten Definitionen **der** allgemeinste Begriff der Zweckmäßigkeit angewendet **wurde** und zwar **deshalb**, weil die vorgebrachten Definitionen auch diesen geringen Anforderungen nicht entsprachen. Es kann trotzdem **noch** immer **dort, wo** die vollständige Definition der σωφροσύνη gefunden **wird, diese** Tugend sittlich zu **fassen** sein, vorausgesetzt, **dass sich dort** die dazu nothwendigen Anzeichen finden.

Allerdings ist Beckers Standpunkt ein anderer. Nach **seiner Ansicht ist 164. E.** die Definition der σωφροσύνη abgeschlossen. Zu τὰ ἑαυτοῦ πράττειν = τὰ ἀγαθὰ πράττειν kommt nur noch die Selbstkenntnis hinzu, die nach Beckers Auffassung heißt, durch kritisches Wissen entscheiden können, **ob** eine Maßregel passend d. i. zweckmäßig sei oder nicht (S. 45 u. a.). Wenn daher bis zu dieser Stelle nur von **der** Zweckmäßigkeit die Rede war, so kann der noch **folgende** Theil der Untersuchung nicht mehr eine Änderung in dieser Auffassung herbeiführen. Denn die Selbstkenntnis ist nach Beckers Behauptung das Wissen **vom** Wissen, und da **dieses als** begrifflich unmöglich sich **erweise, so muss der Dialog** negativ schließen, es **kann kein** neues Merkmal mehr dazukommen, **das** dem Begriffe σωφροσύνη **die** Bedeutung des Sittlichen verleihen könnte.

Wir haben diese Frage schon an einer anderen Stelle (S. 21 u. f.) behandelt. Hier wollen wir des Zusammenhanges wegen **nur** das Ergebnis kurz wiederholen. Wir glauben gefunden zu haben, dass der Abschnitt über die Selbstkenntnis und noch mehr der über das Wissen vom Wissen als ein den Gang der Untersuchung störender Theil eingeschoben ist zwischen **der ersten** Andeutung von der Nothwendigkeit eines Wissens (164. **A. u. B.**) und dem Wissen vom Guten und Bösen. Socrates **ist mit dem Objecte in dem** Ausdrucke γιγνώσκειν ἑαυτόν nicht einverstanden; er hat ja ἑαυτόν als Subject gefasst (vergl. S. 10). Aber anstatt auf die Absicht des Socrates einzugehen und das Wissen **vom Guten** und Bösen als Object anzugeben, geräth **Critias auf** einen Abweg, von dem er erst **174. B.** wieder auf den rechten **Pfad** zurückkehrt. Erst mit **diesem** solange gesuchten und nun **so** freudig begrüßten **Wissen vom Guten** und Bösen ist die Definition abgeschlossen **und zwar nicht negativ;** denn diese Kenntnis des Guten **und Bösen ist kein Wissen** vom Wissen, und daher wird die begriffliche Möglichkeit desselben nicht bezweifelt.

Und sollte in den ersten drei Definitionen wirklich ἀγαθόν und καλόν nur den Maßstab der ersten und zweiten **Stufe** (vergl. S. 37) bezeichnet haben, so stehen wir in der zweiten Hälfte des Dialoges entschieden höher, wie wir aus dem Dialoge nachweisen wollen.

Die begeisterte Schilderung **von** dem idealen Zustande, **der in** einem Staate herrschen müsste, in welchem die σωφροσύνη **waltete,** wie Socrates und Critias dieselbe zuletzt angenommen **haben,** schließt mit den **Worten, die** jeden, der die Stelle zum erstenmale liest, befremden (**173. C.**)· κατεσκευασμένον δὴ οὕτω τὸ ἀνθρώπινον γένος ὅτι μὲν ἐπιστημόνως ἂν πράττοι καὶ ζῴη ἕπομαι.... ὅτι δ' ἐπιστημόνως ἂν πράττοντες εὖ ἂν πράττοιμεν καὶ εὐδαιμονοῖμεν, τοῦτο δὲ οὔπω δυνάμεθα μαθεῖν, ὦ φίλε Κριτία. Wenn also alle Menschen **mit** Hilfe ihres kritischen Wissens — um Beckers **Ausdruck zu** gebrauchen — das Zweckmäßige richtig erkannt **hätten** und es ausführten, **so** wäre doch noch immer nicht εὐπραξία und εὐδαιμονία die Folge, der Zustand, **den** Socrates sich als Wirkung der σωφροσύνη denkt. Dem Critias ergeht es geradeso, wie es uns ergangen ist. Verwundert fragt er (173. D.): ἀλλὰ μέντοι... οὐ ῥᾳδίως εὑρήσεις ἄλλο τι τέλος τοῦ **εὖ** πράττειν, ἐὰν τὸ ἐπιστημόνως ἀτιμάσῃς. Socrates aber kennt ein anderes Ziel, **er weiß** eine noch höhere Stufe, die erreicht wird durch die Kenntnis **des Guten** und Bösen, mithin durch die nun gefundene σωφροσύνη. Kann da noch von der Stufe der Zweckmäßigkeit die Rede sein? Und wenn später Socrates noch **einmal** die beglückende Wirkung der σωφροσύνη dem Nutzen der anderen Kenntnisse gegenüberstellt mit den Worten (**174. C.**): τὸ εὖ γε τούτων ἕκαστα γίγνεσθαι καὶ ὠφελίμως ἀπολελοιπὸς ἡμᾶς ἔσται ταύτης ἀπούσης, so muss, da die anderen Kenntnisse schon nützlich sind infolge ihrer Zweckmäßigkeit, durch die σωφροσύνη ein anderes, höheres Moment dazukommen als das der Zweckmäßigkeit. Dafür dürfte auch der Ausruf: ὦ φίλε Κριτία sprechen, der die Freude des Socrates ausdrückt, die dieser schon beim Gedanken an dieses Glück empfindet. Ebenso müssen diese beiden Adverbia εὖ und ὠφελίμως mindestens in ihrer Verbindung, die hier noch durch die Wortstellung gehoben wird, eine Steigerung ausdrücken im Vergleiche zur Zweckmäßigkeit. Dazu kann noch ὠφέλιμως die verstärkte Bedeutung haben, wie ja **auch** ἁπλοῦς öfter »absolut wahr« bedeutet z. B. Phaedo 62. A., Gorgias **503**. A., Sympos 180. C., **183. D.**, Phaedrus 244. A.

Dass »**die** einzelnen Tugenden« im Dialoge Protagoras sittlich **zu fassen** sind, **das** gibt Becker zu (**S. 26.**). Dies gilt aber nach seiner Meinung nicht für den Dialog Charmides, **da** hier nirgends der Ausdruck ἀρετή vorkomme. Dem ist entgegenzuhalten, **dass** eben im **Charmides, wo** von Anfang bis zu **Ende** nur von einer und derselben Tugend die Rede ist, sich kein Anlass bot, **das** Wort ἀρετή zu gebrauchen.

Der **wichtigste** Grund aber, die σωφροσύνη als sittliche **Tugend zu fassen, ist uns der, dass sich bei** unserer Untersuchung die **Kenntnis des Guten und** Bösen, deren begriffliche Möglichkeit wir nicht bezweifeln, als **das** wesentliche Merkmal der σωφροσύνη erwiesen hat. Damit ist auch die σωφροσύνη vor allem der ἀνδρεία dem Wesen nach gleich und nur durch die differentia specifica von derselben unterschieden.[1] Ganz **ähnlich ist ihr** Verhältnis zur ὁσιότης und zur δικαιοσύνη, da sie ja mit diesen gleichfalls das wesentliche Merkmal, Wissen **des** Guten, gemeinsam hat. Da nun in anderen Platonischen Dialogen der Sokratischen Periode alle diese vier Tugenden ohne Unterschied neben einander genannt werden als Äußerungen der **einen** Tugend, **so muss,** falls die Tugend überhaupt und **deren** besondere Erscheinungsformen als ἀνδρεία, ὁσιότης und **δικαιοσύνη** sittlich gefasst werden, auch die σωφροσύνη eine sittliche Tugend sein. Das, was in Bezug auf die anderen Dialoge gilt, für Charmides nicht gelten zu

---

[1] Auf die große Ähnlichkeit im **Gange** der Untersuchung haben **wir** schon **an einer** anderen Stelle hingewiesen.

lassen, dazu haben wir gar keinen Grund, weil weder in diesem Dialoge, noch in den anderen aus dieser Zeit ein Anzeichen sich findet dafür, dass in unserem Dialoge von einer σωφροσύνη die Rede ist, welche sich wesentlich unterscheidet von derjenigen, die in **den anderen Werken** Platos so oft **neben der** ἀνδρεία etc. als »Theil der Tugend«[1]) genannt wird. Und sollte die σωφροσύνη gerade in demjenigen Dialoge, welcher ganz der Erforschung ihres Wesens gewidmet ist, und nur in diesem in anderem Sinne zu fassen sein als in den übrigen Schriften Platos aus dieser Zeit, **und** zwar ohne **dass dieses** Unterschiedes auch nur mit einem Worte gedacht wird, während doch selbst unrichtige Anschauungen vorgeführt und widerlegt werden nur deshalb, weil **sie** allgemein verbreitet sind? Dass aber Charmides in die Socratische Periode Platos gehört, das ist wohl noch **von wenigen** bezweifelt worden.

Schlusswort.

Es wäre nun von Interesse zu untersuchen, ob alle **Stellen in den** anderen Platonischen Schriften dieser Periode, welche die σωφροσύνη behandeln[2]), und welche Platos Standpunkt bezeichnen, vollständig mit der Auffassung übereinstimmen, die wir im Charmides gefunden haben; ferner ob **die in** unserem Dialoge dargelegten Ansichten noch als die echt Sokratischen Lehren betrachtet werden können, oder ob sie bereits von Plato weiterentwickelt worden sind. Da Plato schon in der ersten Periode seiner schriftstellerischen Thätigkeit ebensosehr seinen großen Meister überholt hat, wie

---

[1]) Dass Socrates bei seinen Untersuchungen überhaupt nicht bloß **eine** hausbackene Nützlichkeitstheorie **im** Sinne hatte, das beweisen uns **Xen. Mem.** I. 1. 11. und Arist. Metaph. I. 6. Vergl. Geschichte d. **ant. Naturw. u.** Philosophie v. Dr. S. Günther u. Dr. Windelband. **Nördlingen 1888. S. 193.**

[2]) Dabei wäre **zu** beachten, dass die Worte der Mitunterredenden nicht immer Platos Ansichten enthalten.

Xenophon hinter demselben zurückgeblieben ist, so dürften uns darüber die Stellen theilweise Aufschluss geben, in denen uns Xenophon das Urtheil seines Meisters über diese Frage überliefert hat.

Ebenso wäre es von Interesse zu verfolgen, wie sich in diesem Punkte auch Platos Ansichten während der langen Zeit seiner schriftstellerischen Thätigkeit geändert haben.

Vielleicht ist es uns gegönnt, die Untersuchung in dieser Richtung fortzuführen.